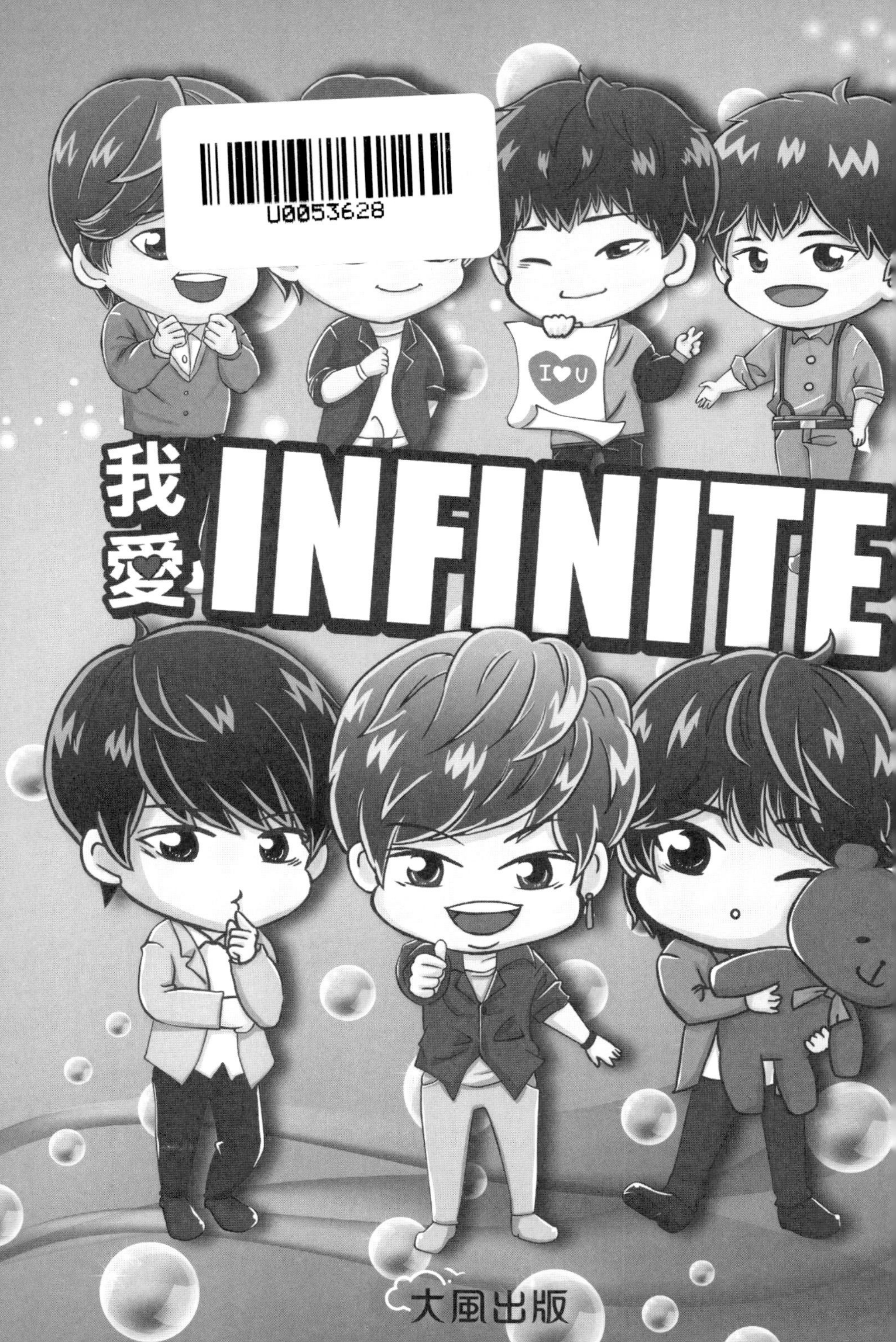
U0053628
我愛
INFINITE
I♥U
大風出版

INFINITE

♥我愛♥ INFINITE

★最無限可能的魅力大蒐祕★

★KIM SUNG KYU
★CHANG DONG WOO
★NAM WOO HYUN
★LEE HO WON
★LEE SUNG YEOL
★KIM MYOUNG SOO
★LEE SUNG JONG

【目錄】我愛 INFINITE

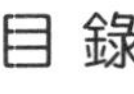

目錄

INFINITE

第一章
INFINITE

★大勢偶像的誕生祕話★

★KIM SUNG KYU
★CHANG DONG WOO
★NAM WOO HYUN
★LEE HO WON
★LEE SUNG YEOL
★KIM MYOUNG SOO
★LEE SUNG JONG

【第一章】INFINITE◆最無限可能的魅力大蒐祕

◆大勢偶像「INFINITE」的誕生

２０１０年６月９日，七人男子團體INFINITE，以首張迷你專輯「First Invasion」出道，當天下午他們在首爾舉行了一場SHOWCASE，並現場演唱了主打歌曲「再次回來吧」，展開了他們首次的現場舞台表演。但事實上，這並不是他們第一次在大眾面前公開亮相，原來他們早在４月12日，於Mnet的偶像人間劇場「你是我的哥哥」中，正式曝光與大家見面了。

聖圭、東雨、優鉉、HOYA、成烈、L和成鍾，共七名成員，由同公司的嘻哈團體Epik High成員Tablo親自培訓。而在「搖滾吧！花美男」、「學校２０１３」中有亮眼表現的演員郭正旭，也曾與INFINITE成員們一起練習，雖然後來沒有與他們一同出道，但同公司的郭正旭與INFINITE，到現在感情都還是像兄弟一樣地親密呢！後來Tablo離開了Woollim Entertainment，而後Woollim Entertainment成為SM C&C旗下子公司「Woollim label」，但當時他們以「師徒」的關係，在Mnet偶像人間劇場「你是我的哥哥」中登場，引起不小的話題，至今仍被粉絲們津津樂道。

我愛 INFINITE

最重要的是，在實境節目「你是我的哥哥」中，製作單位將一名女高中生安排進入 INFINITE 的宿舍裡同住。這對團體裡成員全部都是男生的 INFINITE 來說，是多麼荒唐的一件事啊！面對成員們的質疑，Tablo 解釋：「如果能成為一個好的哥哥，就可以成為『國民哥哥』，因此才設計了這個節目。」

由於 INFINITE 的成員在實際生活裡都沒有妹妹，所以他們的心情也從一開始的抗拒轉變為期待。而透過這個實境節目，也讓大眾看到了 INFINITE 的另外一面。不僅如此，後來這位高中生妹妹也在今年4月24日發表單曲出道，成為 INFINITE 的同門師妹呢！在節目的推波助瀾下，也讓 INFINITE 一出道就倍受矚目，有了成功的開始，而近幾年 INFINITE 在歌壇的超強人氣與活躍程度，也讓他們有了「大勢偶像」的封號。

◆擁有無限可能的7人7色魅力

INFINITE 意味著「無限」之意，象徵聖圭、東雨、優鉉、HOYA、成烈、L和成鍾七名成員，無論是團體或成員個人，在音樂以及其他方面都具有著無界限的可能性。隊長聖圭在剛出道接受媒體訪問時也說：「INFINITE 這個名字是社長取的，他

希望我們能夠成為不斷發展，且有著無限可能性的藝人，所以我們正努力朝著這個目標努力。」在在宣示著 INFINITE 的決心。

INFINITE 的 LOGO，則為代表無限大的「∞」符號，值得一提的是，每到他們發表新專輯的前夕，官方都會以變更 LOGO 的設計做為預告，向粉絲傳達 INFINITE 即將回歸，同時巧妙地以 LOGO 的設計意涵，來呈現新專輯的風格走向。INFINITE 的官方應援色為「珍珠金屬色」，官方歌迷名稱為 INSPIRIT（인스피릿），「INSPIRIT」的「IN」代表 INFINITE，「SPIRIT」則是心靈，而「INSPIRIT」也就是象徵著激勵、鼓勵之意。

出道滿三個月後，INFINITE 舉行了首場粉絲見面會，又接著在出道滿一年之際的2011年8月17日，他們舉辦了出道以來的首次官方歌迷會創團式，兩千張門票開賣僅僅一分鐘便宣告售罄。而2013年 INSPIRIT 官方3期會員的募集活動，也在六月初結束，在國內粉絲及海外粉絲中都獲得熱烈的迴響。

◆以無差錯而著名的「刀群舞」

INFINITE 一出道即以無差錯的「刀群舞」著名，整齊劃一的舞蹈動作，讓世界

各地的歌迷留下深刻印象。「刀群舞」基本上指的是在韓國偶像中，整齊劃一的群舞，都可以稱為「刀群舞」。而INFINITE的舞更是出了名的整齊，每一秒的暫停，都是同一動作。其中，最令粉絲們讚嘆的就是，第二張迷你專輯「Evolution」中主打歌曲「BTD」的「蠍子舞」，也就是其中一個高難度舞蹈動作的名稱，是成員們趴著後以兩腿向後側上方提起，用雙手支撐身體，再用膝蓋彈躍起身，由於這個動作就像蠍子舉起尾巴的樣子，因此被稱為「蠍子舞」。

這樣高難度的動作，甚至引起網友的懷疑，認為有可能是經過電腦合成的動作，受到網友們熱烈的討論。當時經紀公司透過網站公開了一支名為「刀群舞終結版」的影片，影片裡的內容正是「BTD」的舞蹈版MV。透過這支舞蹈版的MV，INFINITE展現了更完美的團體群舞，高難度的「蠍子舞」引發一陣模仿熱潮，看到影片的網友紛紛留言表示：「再也沒有比這更精彩的刀群舞了~」、「今年男子偶像團體的第一名！」、「好想跟著跳啊！」、「很好奇下次會跳什麼樣的群舞呢？」但是，在精準且無失誤的表演背後，成員們也透露於練習時就有人因此受傷的消息。而成員們努力練舞，就是為了在粉絲面前呈現最完美的表演，得知消息的粉絲們也心疼他們且感動不已。之後，包括「成為我的人」、「追擊者」等舞曲，同樣也吸引了粉絲的關注以及受到各界的好評聲浪。

在「舞蹈同步率高達99.9%」的背後，INFINITE所付出的努力是旁人所難以想像的。聖圭在接受訪問時曾經說過：「我們每天都要練習十八個小時，在出道前，每天一睜開眼睛就開始練舞，那段時間我們常常受傷，甚至動用到擔架。而即使到了現在，不管行程再繁忙，仍都要去練習。」但就是因為這樣堅持不懈的努力，讓人一提到INFINITE就想到「刀群舞」，以這樣鮮明的印象深植人心。

◆單曲「成為我的人」奪冠，人氣登頂

2011年7月21日，INFINITE發行了正規一輯「OVER THE TOP」，在先前的密集發片曝光之下，再加上主打歌曲「成為我的人」強勁且令人中毒的旋律，讓INFINITE奪得出道後首次音樂節目的冠軍。當主持人宣布他們獲得九月第一週的冠軍時，老么成鍾當下哭得泣不成聲，隨後東雨、優鉉、HOYA也感動地留下淚水，隊長聖圭在發表得獎感言時，更是頻頻感謝歌迷INSPIRIT以及辛苦的工作人員，之後優鉉、HOYA也在個人推特上向粉絲表達感謝之意，有INSPIRIT做為INFINITE的強力後盾，INFINITE的無限能量，正在一點一滴地展現於全世界粉絲的面前。

舞台表演後在接受媒體訪問時，聖圭對於拿到出道後的首次冠軍，仍感到不可置信，他說：「即使當時主持人說第一名是INFINITE時，我們也不敢相信，身旁的

弟弟們都哭了，我感到又心疼又難過。即使是下了舞台之後也仍不敢相信，還問了經紀人哥哥們好幾次：『我們真的是第一名嗎？』完全沒想到可以拿到冠軍，也一直在想我們真的可以拿這個獎嗎？」成烈則說：「即使主持人說我們是第一名，成員們之間也還在問『誰是第一名啊？』，真的不敢期待也不敢相信我們會拿到第一名，拿到第一名後，就想起了我們剛出道時的樣子，也想到正在看節目的媽媽，就流下了眼淚。」

優鉉則高興地說：「當下我覺得自己選擇當歌手這條路是正確的，那一瞬間讓我覺得所有的付出都有了代價，真的很開心。」而INFINITE也從經紀公司那收到了一份大禮，那就是他們將從只要下雨就會漏水、壁紙會脫落，甚至水泥牆也會剝落的宿舍，搬到複合式公寓，展開夢想中的新宿舍生活。

我愛 INFINITE

◆日本出道，再創新巔峰！

2011年，以「成為我的人」與其後續曲「Paradise」等作品奠定韓國國內市場後，INFINITE將目標放得更遠、更大，展開他們征服全世界的第一步，在11月19日，以日文單曲「BTD（Before The Dawn）」在日本正式出道，專輯訂單更一舉突破七萬張的銷量。而在正式出道之前，他們先在日本大阪和東京舉行了出道

SHOWCASE，並在當天舉行的活動上，與粉絲們一一擊掌，受到當地粉絲的青睞。

在日本正式出道前，INFINITE的大型看板在東京澀谷、青山、六本木、銀座等三十個街道登場，看板照片上穿著白色西裝的成員們與印有「同步率99.9%的Dance Vocal團體」字樣，引起了日本K-POP粉絲和市民的高度關心。除此之外，先前在Mnet Japan播放的「Days of INFINITE」，以及由L演出的日劇「JIU警視廳特殊犯罪搜查系」，都讓INFINITE在日本的知名度快速上升，在日韓兩地同時創造出「大勢偶像」的現象。

之後的第二張日文單曲「Be Mine」、第三張日文單曲「She's Back」，以及首張日文正規專輯「恋に落ちるとき」（當你墜入愛河）發行後，都有不錯的銷售佳績。而在2013年6月5日所推出的首張日文正規專輯「恋に落ちるとき」（當你墜入愛河）宣傳期時，經紀公司在澀谷等地設置了大型看板，強力宣傳INFINITE的新專輯。包括日文專輯訊息、LOGO、成員照片以及「Man in Love」的MV預告影片。不僅如此，還增加宣傳巴士在東京、名古屋、大阪、廣島、福岡等地行駛，並於日本各地的唱片行展示舞台服裝及蓋印章活動，為首張日文專輯進行全方位宣傳，讓新專輯發行首週便拿下「Oricon公信榜專輯週排行榜」第一名的優秀成績。

而國內外粉絲們對音樂作品的熱烈反應，同樣在INFINITE的演唱會票房上人氣爆發，場場開賣後即宣告售罄的火爆人氣，將他們推向「完售偶像」的寶座。

2011年無疑是INFINITE在樂壇上大豐收的一年，不僅獲得了出道後首次的音樂節目排行榜的冠軍，進軍日本也有所收獲，大勢偶像INFINITE站穩了腳步，一步一步地完成著他們的夢想。

◆充滿感動與驚喜的首場首爾演唱會

2012年2月11、12日，INFINITE終於在韓國舉行了他們的首場專屬演唱會，演唱會名稱「Second Invasion」延續首張迷你專輯「First Invasion」之名而來。當他們宣布即將展開個唱的消息一傳出，立刻引起粉絲的矚目，演唱會門票在網路上一開賣，僅僅十分鐘便宣告售罄，演藝圈人士更大膽預測：「INFINITE將成為演唱會上的票房保證。」

站上夢寐以求的舞台，即將在韓國歌迷面前展現首次的個唱表演，INFINITE成員們顯得既緊張又興奮，上台前他們不斷地為彼此加油打氣，希望呈現最好的舞台給等待已久的INSPIRIT們。當出道曲「再次回來吧」那熟悉且別具意義的旋律響起

的剎那，所有不安的情緒都煙消雲散，INFINITE不負眾望，展現出最精彩、最有活力且魅力四射的舞台。

整場演唱會彷彿就像是他們出道至今所有舞台表演的「濃縮精華版」，而他們的個人舞台及雙人表演，同樣也令人豎起大拇指。L演唱了情歌王子成時京的經典抒情曲「我曾短暫停留在你身邊」，深情的演出加上成鍾的鋼琴伴奏，讓粉絲們度過了一段浪漫的時光；隊長聖圭則演唱了在首次官方歌迷會創團式中所表演過的SOLO曲「Because」，並改編成搖滾版本，贏得粉絲一致喝采；雙主唱之一的優鉉，也以SOLO曲「時間啊」展現他的美聲及兼具爆發力的唱功；而Rapper東雨、HOYA則帶來了Verbal Jint的「You Look Good」，帥氣奔放的舞台魅力，就連原唱都公開表示想聽聽由他們所詮釋的版本。

而在記者會上，介紹自己越來越有男人味的成烈，居然跌破眾人眼鏡地反串泫雅，與老么成鍾組成「Trouble Maker」，搞笑指數百分百！演唱會的過程成員們不僅用心準備表演，也製造許多驚喜與溫馨的互動，為首次首爾場演唱會劃下一個完美的句點。

◆搭直升機辦 SHOWCASE 締造新紀錄

暫別歌壇十個月後，INFINITE在2012年5月15日，帶著第三張迷你專輯「INFINITIZE」回歸，並以「The Mission」為名，在光州、釜山、大邱、大田、首爾，韓國五大城市進行巡迴SHOWCASE。為了在一天內完成這個不可能的任務，經紀公司動員直升機，讓成員們從早上開始以兩至三個小時的間隔，舉辦「游擊式」SHOWCASE，大規模的宣傳活動，受到各界關注。而INFINITE的成員們和經紀公司則表示，希望通過SHOWCASE來答謝粉絲對他們的支持，讓粉絲感動不已。

在盛況空前的演出之前，新專輯所收錄的音源及宣傳影片在網路上一公開後，便獲得粉絲的廣大迴響，主打歌「追擊者」強勁的曲風和充滿魅力的歌詞，再度擄獲粉絲的心，「追擊者」的MV更被Billboard票選為最佳MV。其中收錄的七首歌曲風各異，展現了INFINITE日趨成熟的演唱實力，專輯中最早曝光的歌曲「只有眼淚」，便是曾於4月舉辦的「Second Invasion」安可演唱會中，由聖圭演唱的新曲，而在專輯中則是收錄了成員們共同演唱的版本，呈現出另一種新穎的魅力。

當時聖圭還透過推特留言說：「不久後的晚上十二點，將會公開我們的新歌『只有眼淚』。之前我在演唱會上曾一邊彈鋼琴一邊唱過，但和那時相比，這次的感覺

別有一番魅力，希望大家敬請期待！哈哈。」成員優鉉則回覆說：「由成員們一起演唱，確實別有一番魅力，以大哥為主的計畫就到此為止！」令粉絲發笑。

在音樂上力求突破創新的INFINITE，在視覺上也同樣用心，第三張迷你專輯的封面照片中，七名成員展現了幹練俐落的新造型，時尚的服裝以及強烈的神情和帥氣的姿態，牽動著所有粉絲的心。粉絲們看到照片後也紛紛表示：「一眼就被迷倒了」、「每個成員都有屬於自己的個性」、「對新專輯充滿了期待」等，而這次的新專輯也讓他們成功拿下出道後的首次「三冠王」，專輯銷量大破十萬張，榮登專輯實銷強者之列。

◆個人SOLO、小組出輯掀話題

在團體演出獲得成功後，INFINITE也推出了個人SOLO及小組活動，呈現與團體活動時截然不同的新面貌。隊長聖圭率先在11月19日發行「Another Me」個人專輯，在主打歌「60秒」中，聖圭以紅髮造型化身樂團主唱，詮釋一個男人在60秒內墜入愛河後，卻悲傷分手的愛情故事。音樂錄影帶由成員L特別演出，讓聖圭的動人嗓音透過MV劇情鋪陳更顯張力，也讓這首歌更添話題。

我愛 INFINITE

繼隊長聖圭成功的展開個人活動後，2013年1月11日，東雨與HOYA組成小組「INFINITE H」，發表首張迷你專輯「Fly High」，小隊名「H」是Hip Hop的簡稱。在團體內擔任Rapper的兩人，經過長時間的準備，將他們所喜愛的Hip Hop音樂，透過小組活動展現在大眾面前，主打歌「Special Girl」是一首節奏輕快，讓人聽了彷彿有種被告白感覺的甜蜜情歌，具中毒性的Rap與感性的Hip Hop曲風，展現出INFINITE H特有的獨特魅力，成功以小組活動再次拓寬INFINITE的音樂領域。

◆刀群舞再臨，延續火爆人氣

在隊長聖圭發行個人專輯，以及INFINITE H的小組活動之後，2013年3月1日，INFINITE在首爾奧林匹克公園體操場舉行了「2013 INFINITE無限大集會」，和國內粉絲見面，經紀公司表示：「因應去年以個人活動為主的INFINITE成員們的要求下，將舉辦一場所有成員與歌迷們見面的特別活動。」與上次舉辦粉絲見面會時隔一年六個月，再次舉辦的粉絲見面會也引起了粉絲們的熱烈搶購。

而在這次的粉絲見面會上，INFINITE也率先公開了「完全體」的影片預告即將回歸，「完全體」寓意著先前成員們各自在演技、SOLO、小組活動等領域活躍的七

人，將以完整團隊的INFINITE回歸，填滿過去十個月的空缺。從3月14日開始，經紀公司從成鍾開始，在網路上公開預告影片，並在首爾市內各處張貼海報，投入D-DAY宣傳（註：表示一次行動發起的那天）。主打歌「Man In Love」的七支預告影片中，每個成員展現了男人在陷入愛情後的不同面貌，就像不同主題的七支MV般，成員們多樣的魅力，讓這次的回歸更加令人期待。

和先前的「再次回來吧」、「BTD」、「成為我的人」、「追擊者」等充滿力量、強悍風格的主打歌不同。3月21日發表的第四張迷你專輯「New Challenge」，主打歌「Man In Love」音源一公開後，讓人聽一遍就能記住的明朗旋律，以及能夠讓陷入愛情中的男人引起共鳴的歌詞，有別以往的新嘗試讓製作人Sweetune也表示，這是他和INFINITE合作中最下功夫的一首作品，專輯銷量也再度衝破十萬張，INFINITE銳不可擋的人氣，再次獲得大眾認證。

結束第四張迷你專輯後，INFINITE再度趁勢追擊，於5月底祕密前往美國拍攝新歌音樂錄影帶，經紀公司為了此次的美國行，將團員們原定的個人行程全部取消，可見其重視程度。就在INFINITE回國沒多久後，6月10日他們在記者會宣布了第一次世界巡迴演唱會的消息，從8月9日的首爾站開始，緊接著在香港、日本、台灣、曼谷、新加坡、馬來西亞、中國、美國、祕魯、英國、法國等地進行首次的世界巡

迴演唱會，接連地站上大部分歌手都羨慕且期盼的世界舞台。

而第二張單曲「DESTINY」也在歌迷們的引頸企盼下，於7月16日公開，以完美的群舞創造出新名詞「刀群舞」的 INFINITE，這次以彷彿老鷹展翅的舞蹈動作宣告「刀群舞」的再度降臨。專輯裡的同名主打歌「DESTINY」，以強而有力的節奏與音樂迴響感完美結合，加上遠赴環球影片拍攝的壯闊場景，讓人再次沉醉於 INFINITE 的無限魅力中。雖然因為世界巡迴演唱會在即，INFINITE 僅活動三週便結束這次新專輯的宣傳活動，但他們仍不負眾望，奪得四次音樂節目排行榜的冠軍，大勢偶像的實力果然是名不虛傳啊！

◆世界巡迴演唱會正式啟程

在「2013 INFINITE 1st WORLD TOUR-ONE GREAT STEP」首爾站正式登場的那天，S.M. ENTERTAINMENT 旗下子公司 SM C&C 無預警宣布合併 Woollim Entertainment。而為了與SM的音樂區別化，將以獨特的「Woollim Label」為運作方式，令各界譁然。投下震撼彈的當天，INFINITE 在演唱會上也向所有粉絲表示相信社長的決定，也希望粉絲能夠繼續支持他們。

隊長聖圭說：「三年前出道，從一開始起步到爬至現在這個位置，都是託各位的福，因為我的不足，對成員感到很抱歉。相信很多人現在或許對我們有些誤會，但INFINITE的這個團體和同事們都不會改變，以後將會帶給大家更多更創新、更帥氣的音樂。雖然因為這些誤會，心裡感到很難過，但是希望大家相信INFINITE一點都沒有變。」而成烈也對聖圭的發言表示支持，他說：「我們相信社長的決定，也請大家相信我們，我們一定會給予相同的回報。」HOYA則說：「當我們完成了世界巡迴演唱會後，可能會有人說我們失敗了，但我相信如果我們在巡迴演唱會中獲得了一些東西，不管是多麼細微的，這樣就不能說它是失敗的，在進行世界巡迴演唱會的同時，我們會努力提升自己再次回來的。」

而優鉉則感性地哭著說：「我們會努力讓大家看到我們帥氣的樣子，我們會常常想著你們，希望大家不要誤會我們，INFINITE會變得更強大的，請大家期待！」忙內成鍾也流著眼淚說：「因為有了大家我才有自信，非常謝謝大家，希望我們以後永遠都像現在這樣一直在一起。」

東雨則表示：「如果把INFINITE比喻成一棵樹，讓我們存在著的就是像大地一樣的父母、像水一樣讓我們成長的Woollim Entertainment，以及像太陽一樣常常照亮我們的粉絲們。或許以一些人的標準來說，INFINITE還不夠好，而也有些人覺得

我愛 INFINITE

我們很棒，但我們會成為比之前更棒的 INFINITE，成為能讓大家在底下休息的一棵大樹。」充滿誠心誠意地表達了他對粉絲的感謝之情。

最後，就連L也哭著說：「從一開始就沒有任何東西的我們，到現在能擁有這麼多人支持我們。即使要我們回到最初也不會感到奇怪。但是人只要得到過一次就會想要一直擁有，我不能想像沒有了大家，所有人對我來說都是很珍貴的。」真誠的發言，讓明白他們一直以來承受著強大壓力與煎熬的粉絲們，聞言後也心疼地淚如雨下，並表示對他們的初心永遠不會改變，會永遠支持 INFINITE，只要 INFINITE 在的一天，INSPIRIT 就是他們最強大的後盾。經歷過眾多考驗的 INFINITE，如同他們的名字般，將會持續展現七人的無限魅力，繼續向前邁進。

INFINITE

第二章
HOYA

★執著於完美的魅力能力者★

★KIM SUNG KYU
★CHANG DONG WOO
★NAM WOO HYUN
★LEE HO WON
★LEE SUNG YEOL
★KIM MYUNG SOO
★LEE SUNG JONG

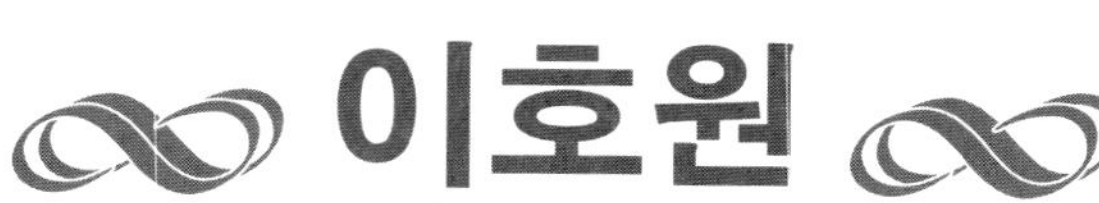

lee Ho Won

藝　　名：HOYA（호야）
本　　名：李浩沅（Lee Ho Won）
生　　日：1991／03／28
出 生 地：釜山市
身　　高：178 公分
體　　重：60 公斤
血　　型：AB 型
星　　座：牡羊座
學　　歷：湖西（Hoseo）大學電影戲劇系
家族成員：爸爸、媽媽、哥哥、弟弟
綽　　號：釜山海鷗、萬能 HOYA、跳舞機器、浩寶貝、李 HOYA
興　　趣：水上滑板、編舞、跳舞
專　　長：跆拳道三段
喜歡的顏色：紫色

◆HOYA 的小情報◆

理想型：與眾不同、四次元的、有獨特魅力的女孩。

用一句話來形容個性：是有趣的個性（笑）。

用動物來比喻自己：老虎。

座右銘：每天都是人生的新開始。

◆副 Rapper 魅力四射，以頂尖為目標

對於以「刀群舞」聞名的 INFINITE 來說，舞蹈主力中心的 HOYA，可說是男子氣概擔當的首位。出生於釜山的 HOYA，有著非常具有魅力且有神的單眼皮大眼睛，一開始常被說與「東方神起」的允浩有很相似的明星臉，而他的舞蹈實力也不輸給擁有「舞王」之稱的允浩。帥氣的形象不只是在跳舞方面富有魅力，作為團體中的 Rap 擔當，HOYA 在歌唱方面的成績也是相當出色的。

INFINITE 的暢銷歌曲中，許多首歌的 Rap 部分就都是由 HOYA 和東雨所一同編寫的，可說是非常全能的實力派偶像呢！當然在所有成功的背後，一定都是由許多

的努力累積而成的。朝著以頂尖為目標邁進的HOYA，對於自己工作上的要求，可是非常嚴苛的。曾經在接受雜誌採訪時就說到，自己對於在舞台上時的表現，可說是近乎執著的力求完美。若是不小心失誤的話，就會讓自己的心情非常不好。

而成功的偶像，背後一定也少不了廣大粉絲們的支持。INFINITE向來總給人「對歌迷很親切、親和力十足」的印象，許多場合都可以看到他們與粉絲們有很多有趣互動，這也是讓粉絲們對INFINITE死忠追隨的原因。HOYA擁有著釜山男兒不善表達的敦厚形象，雖然不如其他團員會有類似撒嬌或是拋愛心的大動作，但他自己也有另一套與粉絲互動的方法。最有名的莫過於在演唱會上會對著歌迷大喊「I say HO, You say YA.」的方式帶動現場氣氛，每每都讓全場歌迷的情緒HIGH到最高點。

◆孝順青年為圓歌手夢而休學

在INFINITE團員中有不少人是非出生於首爾市的，為了一圓成為歌手出道的夢想，離鄉背井來到大城市打拼，來自釜山的HOYA就是其中之一。家族成員有爸爸、媽媽、哥哥和弟弟，HOYA為家中次子。

我愛 INFINITE

HOYA 曾在接受媒體訪問的時候，透露自己因為很喜歡跳舞，所以在高中的時候曾輟學，而爸爸因為原本能考上警察大學的 HOYA，突然說不去上學了而生氣。雖然說，一開始無法得到家人的認同，但 HOYA 也說，不管工作再怎麼忙碌，還是會堅持兩天打一次電話回家，雖然繼承了釜山男兒剛毅木訥的個性，不過 HOYA 曾在演唱會謝幕前的感性時間，因為提到了自己的父母和兄弟而淚灑舞台，讓團員及台下的粉絲看到了釜山男兒的真情流露。

HOYA 在韓國歌唱節目「不朽的名曲」中，聽到歌手 Ali 演唱的「父親」之後，也因為歌詞與心境雷同，使他在節目中落淚。他也哽咽地提到，自己為了決定要當歌手而休學，和父親的關係也一直不是很好。在 INFINITE 成軍出道後，父親曾傳過帶有愛心符號內容的簡訊，但自己卻因為彆扭，僅短短的回了幾句話，對自己當時差勁的表現感到很抱歉。不過就在 INFINITE 演藝事業發展有成後，HOYA 也傳出在韓國父母節時，買下一棟房子作為禮物送給父母，讓他在電視節目票選為「會對父母很好的兒子女兒」中，打敗了 SHINee 的泰民，f（x）的 Suzy、及金賢重等藝人，被公認為偶像明星中的好兒子，當選票選的第一名。

◆勤奮認真苦練、名符其實的「跳舞機器」

INFINITE 中的 Rapper 以及舞蹈擔當，被公認為是「INFINITE 跳舞機器」的 HOYA。為了一圓歌唱跳舞的夢想，離鄉背井的來到首爾，在正式加入 Woollim 娛樂之前，和同團的東雨一樣都曾參加過 JYP 的選秀比賽，並入選為 JYP 練習生。而透過幾支在 JYP 時期的舞蹈練習影片也可以看出，當時仍面貌青澀的 HOYA 就早已展現出他非凡的舞蹈實力。

而 HOYA 的「跳舞機器」封號也並非是一蹴可幾的，在前面有提到，他為追尋跳舞夢想而高中輟學。為了學習舞蹈，HOYA 也曾隻身一人到首爾學舞，後來因為比較喜歡釜山舞蹈教室的氛圍，又回到了釜山。而不管是在練習生時期，或是出道之後，他也常常在其他成員休息或是出外玩耍時，利用個人時間在練習室練習跳舞。在興趣項目中也提到，熱愛跳舞的 HOYA 也會創作編舞，像是 INFINITE 暢銷歌曲「BTD」中，非常有話題性的「蠍子舞」，原型就是 HOYA 所提出的呢！

身為釜山男兒，HOYA 常給人話不多的印象，在平時也喜歡趁空檔「舞一下」，以肢體動作展現自己獨一無二的魅力，自己也曾在接受媒體採訪時說到，覺得最帥

氣的時候便是跳舞中的自己。像是在 Man In Love 的宣傳期間，為時尚雜誌拍攝照片時便被爆料在休息空檔之間，HOYA 都會對著攝影機跳舞，逗得現場的工作人員笑聲不斷，這也是 HOYA 非常迷人的地方。

◆體能成績優異、魅力橫掃運動場

作為 INFINITE 團內舞蹈擔當的 HOYA，運動體能的實力自然不在話下。除了喜愛跳舞和編舞之外，HOYA 也曾說過自己很喜歡水上滑板，另外在小時候也練過跆拳道，有跆拳道三級的資格。在綜藝節目「一週偶像來報到」說到自己練過跆拳道的事，不過後來因為在大賽上被對手狠打一頓後則放棄跆拳道。自己還自爆因為被打得太慘了，只有反擊一次，而且還是犯規打了對手的重要部位，令大家捧腹大笑不已。

在每年舉辦的韓國偶像運動大賽上也可以看到 HOYA 活躍的身影，可說是 INFINITE 內的體能代表。像是在２０１２年偶像運動大會上男子四百接力的項目，由最後一棒的 HOYA 一舉超越前面兩名跑者，拿下當時比賽的亞軍。而在單人項目男子七十公尺短跑中也獲得相當優異的成績，而 HOYA 優秀的表現，也讓許多在場

邊幫忙加油的粉絲一飽眼福。另外，在由INFINITE全體團員共同主持的《INFINITE序列王》中「體能王」的單元，不論是事前的粉絲預想排行或是賽後的成績，HOYA都實至名歸的穩穩站住第一名的寶座。

作為全團體能代表的HOYA，如此傲人的運動成績，當然也歸功於平日努力不懈的練習，而健康、陽光、充滿男子氣概的形象也讓粉絲為之瘋狂。不論是在舞台上展現充滿魅力的舞蹈，或是為廣告代言所拍攝的形象照等，完美的身材線條比例，也總讓粉絲津津樂道。特別是在參加綜藝節目時，HOYA也會因應觀眾要求來個「粉絲服務」，雖然害羞，但還是大方的展現自己平時鍛鍊的腹肌，線條分明的結實肌肉也讓所有粉絲為之瘋狂。

◆「請回答1997」初演出令人激賞

身為偶像明星一員的HOYA，不僅會唱歌、會跳舞，在2012年也因為人氣韓劇「請回答1997」拓展了他的戲劇之路。此劇雖然是HOYA的首次演出，但他在劇中完美地詮釋了細膩溫柔的「江俊熙」，精湛的演技也讓許多觀看的人對他留下深刻的印象，並且也廣受大家的喜愛。

在「請回答１９９７」中由HOYA飾演的「江俊熙」，是一位非常感性又細心，偷偷喜歡著由徐仁國所飾演的同班同學「尹允宰」。對於HOYA來說，「江俊熙」這個角色與自己原來的個性有相當大的反差，對於要飾演「江俊熙」，也讓他下了一番苦功。思考了很久該如何去將這個角色百分之百的呈現給觀眾，並努力揣摩角色個性，與一同拍攝的前輩們和導演一起討論該如何塑造「江俊熙」，在這過程中也讓HOYA學習到了很多。

他在戲劇宣傳時，也曾於接受雜誌專訪時說到，為了融入「江俊熙」非常感性且性格細膩的角色，也讓HOYA被經紀人哥哥說他變得比較親切、溫柔且更有自信了。而這樣的轉變，也曾一度讓經紀公司擔心，劇中角色與現實舞台上的他，個性轉變太過劇烈恐怕會使他無法適應。不過最後HOYA仍完美詮釋了，藉由戲劇的成功演出，也讓HOYA和INFINITE的知名度更進一步地提升及擴展領域。

◆全方位發展、開拓戲劇之路

「請回答1997」另一個為人所熱烈討論的話題，莫過於「江俊熙」對「尹允宰」的愛慕之心，而在劇中則有一段告白的場面，也讓觀眾們感到震驚。這也是不論HOYA或是徐仁國在接受宣傳訪問時，最常被詢問到的相關問題。不過也有許多觀眾在看完之後，對於放下偶像形象接下這個角色的HOYA感到勇氣可嘉，如此話題眾多的劇情演出，也讓韓國關鍵字搜尋有了許多關於「江俊熙」和HOYA的討論，也有許多粉絲會在INFINITE的活動上，對HOYA表示支持與打氣呢！

因為拍攝戲劇的關係，HOYA也和「請回答1997」的其他演員及工作人員們有了深厚的感情。對於第一次在沒有團員陪伴的狀態下工作，也讓HOYA感到非常緊張。在某次接受雜誌採訪時，HOYA說到自己其實很怕生。也說非常感激徐仁國和其他工作人員，大家都會主動和他交談，幫了他不少忙，讓他能夠和大家處得非常融洽，迅速地和大家打成一片。而與同樣是第一次參與戲劇演出女主角的鄭恩地，也因「請回答1997」戲劇合作，開始有了交流。鄭恩地在宣傳訪問中說到，一開始覺得HOYA給人木訥且不愛說話的感覺，但隨著拍攝合作與相處之下，對他則有了不同的看法。並還爆料當HOYA和徐仁國湊在一起玩鬧時，總是會像玩瘋了

似的兩兄弟，也說到 HOYA 其實才是主導了拍攝現場氣氛的大功臣。

隨著「請回答1997」的成功，也讓許多人看到有別於偶像團體形象時的 HOYA，更讓 HOYA 體會到演戲的樂趣，對戲劇之路有了更大的野心。也曾說到現在看電影時，會更加注意裡面的演員是如何去演戲的，也希望下次再有機會時，自己的實力能更加進步。而提到工作，HOYA 當然也非常有團體愛的說到，更重要的當然還是要以 INFINITE 活動為優先。

◆「INFINITE H」小隊，展現嘻哈實力

當 HOYA 因為「請回答1997」戲劇之路發展如日中天，繼隊長金聖圭也推出個人 SOLO 專輯後，隔年2013年1月10日，HOYA 也乘勝追擊發表了與同團的東雨組成的嘻哈子團「INFINITE H」。於 SHOWCASE 上發表了專輯「FLY HIGH」，推出了膾炙人手的主打歌曲「Special Girl」。

其實在練習生時期，東雨和 HOYA 因為同樣喜歡嘻哈音樂和跳舞，就曾開玩笑的說，乾脆就由他們兩位搭擋組團的趣事。而兩人搭擋的形式其實並非第一次，在

INFINITE H出道前，於INFINITE首張正規專輯「Over The Top」中，便收錄了兩人和隸屬同公司的實力女歌手Baby Soul一同合作的「Crying」，輕快的嘻哈曲風且充滿感性的歌詞，讓許多歌迷為之喜愛。

另外，在2013年8月，東雨和HOYA也再度以INFINITE H的形式參與了同公司的TASTY的新歌MV拍攝，當時MV預告出來時，網路上的粉絲們立即發出一片熱烈的討論。透過子團的正式出道，不只是支持他們的歌迷能夠感受有別與INFINITE以往的曲風，也讓喜愛嘻哈的東雨和HOYA，在拍攝過程中有了很多磨練與學習經驗。

而INFINITE H在活動中接受訪問時，身為團體中較年長的東雨也說到，能和HOYA一起做喜歡的嘻哈音樂真的是非常開心，說HOYA總是非常認真，但有時卻又認真太過頭了，希望他不要太常熬夜通宵練習，偶爾也要安排時間紓解壓力，這樣對於日後的發展，才能更持續長久地走下去。

INFINITE

第三章

L

★沉默寡言的門面擔當美男★

★KIM SUNG KYU
★CHANG DONG WOO
★NAM WOO HYUN
★LEE HO WON
★LEE SUNG YEOL
★KIM MYOUNG SOO
★LEE SUNG JONG

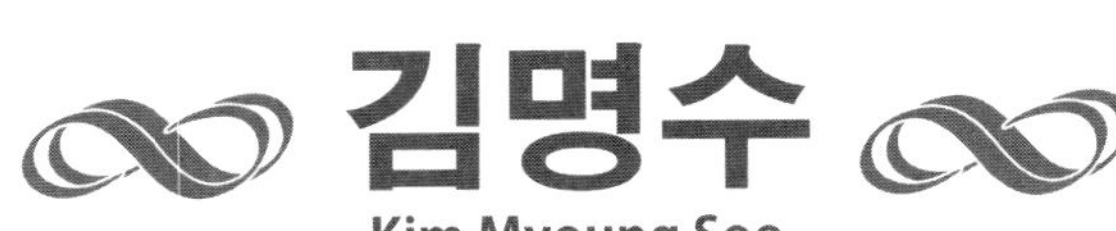

藝　　名：L（엘）
本　　名：金明洙（Kim Myoung Soo）
生　　日：1992／03／13
出 生 地：首爾
身　　高：180 公分
體　　重：60 公斤
血　　型：O 型
星　　座：雙魚座
學　　歷：韓國湖西大學實用音樂系
家族成員：爸爸、媽媽、弟弟
綽　　號：襯衫富翁、金L、視覺擔當、黑洞L、男神L
興　　趣：烹飪、看漫畫、攝影
喜歡的顏色：黑色

◆**L的小情報**◆

理想型：清純型的長捲髮女孩。

用一句話來形容自己的個性：如果是被冒犯了仍可以變得親近的人，就會不著痕跡的對對方好的類型。

用動物來比喻自己：變色龍，想要讓大家看各種不同的顏色！

座右銘：享受現在！不是過去也不是未來，現在怎麼過將會改變未來，不被過去束縛，享受每一刻！

◆**網路人氣花美男，未成團先出名**

INFINITE中一致公認的「門面擔當」L，出道前曾在街頭演出過，同時更是網路上知名的人氣花美男。於2009年L才與Woollim Entertainment簽下合約成為練習生，並以INFINITE的成員在2010年正式出道。L曾在訪問中透露，小時候一開始的志願並不是當歌手，而是想要成為廚師。因為小時候常去的餐廳裡，有一位廚師工作的樣子非常帥氣，當時的他在家裡也有樣學樣的玩著，也很喜歡在廚房裡幫忙，甚至還有打破盤子被教訓的經驗呢！不過對於自己能夠順利出道，對他而言則是實現了他另一個最大的夢想。

其實每過一年，L的夢想都會有所不同，而當時他的夢想就是希望自己在各方面的能力都能持續提升，再來則是希望團體組合能被更多人認識。如果讓他以客觀的角度來評價自己跳舞及唱歌實力的分數，他說：「只給分數是不夠的。但是我可以說比起前年，去年更好；比起去年，今年更好；比起這個月，下個月會更好。」總是努力積極展現自己最好一面的L，讓人看到花美男外表下，許多令人驚喜的一面。

◆首度挑大樑演出日劇

在日本正式出道前，L即被朝日電視台選為主演「JIU 警視廳特殊犯罪搜查系」的主角「JIU」，而這也是繼 JYJ 金在中、FTIsland 李洪基之後，第三位韓國偶像歌手擔任日本電視劇的主角。電視劇製作人在當時也表示了對L的期待，提到第一次見到L的感覺，他說：「初次見面的瞬間，就產生了他就是 JIU 這樣的感覺，受到了起雞皮疙瘩的衝擊。雖然 INFINITE 還沒有在日本正式出道，但是我確信這次的電視劇會成為L在日本的強烈初登場。」而L也在記者會上表示：「唱歌和演技，在剛開始我認為是不一樣的，但是其實向大眾『傳達感動與感情的部分』是一樣的，我想要全力以赴完成。」L所扮演的「JJ」是一名金髮美少年，被兩名警察所追緝的兇手，擁有出色的體力和敏捷的反射神經，是個從出生開始就感受不到疼痛的謎樣人物。

談到在日本拍攝電視劇時，L說他印象最深的，就是第一次在海外挑戰戲劇演出的緊張感，加上當時日文還不是很好，要將台詞融會貫通真的很困難，心裡非常忐忑不安。還聊到一件小趣事，L說他有一次肚子餓的時候，他用心電感應告訴附近的人，然後竟然有人回頭看著他，給了他想吃的食物，是不是真的很神奇呢！

◆戲劇、MV 演出邀約不斷

繼「JJ 警視廳特殊犯罪搜查系」的戲劇初體驗之後，L在2012年1月底，加入 tvN「閉嘴！花美男樂團」的演出陣容，飾演劇裡虛構樂團「眼球淨化」中的天才吉他手「李賢秀」。雖然先前L已經有演出過日劇的經驗，但是首次在韓國演出電視劇，還是讓L很緊張也很擔心國內電視劇觀眾對他的評價。

L說：「成員們都很擔心我，也曾經問過我是不是能做好。幸好劇中一起合作的哥哥們都給了我很大的幫助，希望透過演技，能將我冷酷的另一面展現出來。」而在劇中他必須演出彈奏吉他的畫面，L說這是他第一次接觸電吉他，為了能更快速的適應這個角色，他則一直努力地練習吉他，希望讓觀眾看到他更專業的一面。

在戲劇發表會上，L被媒體問到對自己的外表有什麼看法時，L說：「我不覺得自己是一名花美男，和我一起演出的演員們都非常的帥氣，所以我不認為自己是一名花美男。」這樣的自我評論。而在這部以「花美男樂團」為題材的偶像劇中，果然吸引到一批死忠女性觀眾族群，L也和在劇中有不少對手戲的金藝琳共同演唱了原聲帶「Love U Like U」，雖然L評論自己不是一名花美男，但在音樂錄影帶中，L以自信的姿勢拿著電吉他彈奏，帥氣的模樣不知令多少女粉絲們，心裡小鹿亂撞不已呢！

之後，L一連客串了SBS「蠑螈道士和影子操作團」，以及以本名「金明洙」演出同年底於MBC播出的日日情境喜劇「媽媽是什麼」，並在Strawberry Fields的「Starlight March」、K.Will的「Love Blossom」等音樂錄影帶擔任男主角，豐富的戲劇、MV演出經歷，堪稱全團之最。今年8月在第二張單曲「DESTINY」的忙碌宣傳行程中，L特地客串了SBS「主君的太陽」，扮演蘇志燮少年時期的角色，生動的演技讓大眾更加期待下一部由L主演的戲劇作品。

◆和L相似的明星臉

以「視覺擔當」、「名品Face」等詞活躍於INFINITE的L，粉絲們是否覺得他和韓國演藝圈的哪一位明星，有著相似度很高的明星臉呢？在2011年1月，首度獲邀參與SBS「金希澈的Young Street」廣播節目中，INFINITE談論了關於成員們的明星臉話題，L說：「由自己來說好像很不好意思，但有被人說過像金汎前輩。」就連金希澈聞言後也說，真的有點像呢！

之後L與CROSS GENE的成員SHIN，再度因為相似的外貌成為網路熱門話題。在電視劇「BIG」中，演出「姜景俊」的SHIN因為和L相似的外貌受到注目，吸引了眾多女性粉絲的視線。兩人相似的臉型與直挺的鼻樑，加上略顯細長型的眼睛，讓網友直呼：「SHIN跟L真的好像！」、「SHIN是哥哥，所以應該是L像他吧？」、「SHIN和L說是兄弟我也相信」等留言。

不過也有不少的粉絲則認為，SHIN給人的印象，較為親切且友善，和L敏銳的「冷都男」（編註：冷酷的都會男子）形象有些不同。雖然INFINITE的出道時間較早，但以年紀來說，L的確是比SHIN來得小喔！所以總也有粉絲打趣說道：「追究起來，應該是INFINITE的L長得像SHIN才對吧？」

◆成員們就是力量來源

在2012年即將結束之際，L接受了媒體專訪，暢談這一年活動的感想。L說今年真的是過得很忙碌，一邊忙著日本巡演同時還有連續劇的拍攝工作，幾乎都沒有睡覺的時間了。但透過這些過程，學習了很多自己從來都不知道的事物，也令他覺得很驕傲，得到很多收獲而且充滿感謝。

而這時候，成員們互相扶持、加油打氣，就是讓L能夠繼續堅持下去的最大力量。L說：「有時候會累到自己覺得快要不行了，這時就多虧了成員們的幫忙，即使哥哥們本身也很忙，但還是給了我很多鼓勵，這陣子因為拍攝連續劇，深夜才剛回到家，清晨又要出門，看到宿舍裡那些有趣的應援字語，就會覺得自己全身又重新充滿了電力。INFINITE已經是一家人了，就這樣一起到死吧！」言語間，洋溢著

L與成員間深厚的友情與愛。

L也曾經在接受訪問時說道，如果有給他一佰億元也不願意做的事情，那就是退出INFINITE。現在的他每天都過得很快樂，成員們對他來說是用錢也買不到的重要存在，又怎麼能夠單純的用錢來作交換呢？

◆L的孿生兄弟──金明洙

舞台上總給人一種難以親近、冷酷形象的L，有著「冷都男」的稱號。但私底下的L，和舞台上的L卻有著截然不同的面貌，私底下的L是一個有點淘氣且傻氣的少年，每當L流露出這一面時，粉絲便會說是「L Cos解除」，代表INFINITE的L解除Cosply回歸到本來性格的金明洙。

而L和明洙就像是兩個孿生兄弟般，外表一模一樣，卻擁有南轅北轍的個性。在INFINITE的專屬節目「INFINITE序列王」第十二集「幸運王」中，成員們透過「福不福」（編註：運氣好不好的意思）遊戲來決定當天錄影要穿的服裝，當L看到自己選中的緊身超人服，瞬間崩潰大喊：「這是什麼呀！我真的要穿這個嗎？」以及

第三集「頭腦王」中，知道自己是事前預想排序的最後一名時，崩潰的反應皆讓大家捧腹大笑不已。當「L Cos 解除」後，不僅成員很愛捉弄他，就連揶揄他的過程也是笑料不斷。

在「INFINITE 序列王」最後一集，在「精崩王（精神崩潰王）」的頒獎儀式中，優鉉甚至還搞笑的問了L什麼是「L Cos 解除」，L則一派輕鬆地回答：「我也不知道。」當L從候補名單中被優鉉宣布為得獎者且發表得獎感言時，L則被其他成員吐槽看起來好像有些不樂意，而他則說自己做夢也沒想到會領到這個獎，甚至還發下豪語：「以後再也不會讓大家看到『L Cos 解除』的模樣。」不過近幾次L參加「一週偶像來報到」時，為了吃到最愛的韓牛，不惜賣萌撒嬌、大跳性感舞蹈等舉動，都讓粉絲笑說：「原來今天來的是明洙啊！」、「L最近應該在放假吧？」證實L再度「L Cos 解除」的有趣留言。

◆擁有攝影魂，暱稱自己為「用照片寫日記的孩子」

喜歡 INFINITE 的粉絲都知道，L平常非常熱衷於拍照，不論工作或私下，都會帶著他的寶貝相機到處闖蕩，用照片記錄他的生活，甚至還會拿著相機和粉絲互拍，也因此被粉絲暱稱為「大砲男神」、「金站長」。

2013年4月12日，INFINITE的官方網站突然放上一段影片，影片中，L佇立於雪地之上，並對著遠方拍照，而粉絲也紛紛猜測這段影片是否意味著L即將推出攝影作品。終於，在4月25日經紀公司公布謎底，宣布L將於5月15日推出首本文字攝影散文集《L's Bravo Viewtiful》，並且發行日文版本在日韓兩地同步上市。

從出道前就非常喜歡拍照的L，拿到和經紀公司簽約的第一筆合約金，就是買相機，可見L多麼的喜歡攝影。這本書包括了L在93天內所拍攝的照片，以及由L親手寫下的隨筆文字，如同L在序裡的署名「L（用照片寫日記的孩子金明洙）」般，L以他獨特的思維及感性，將他的生活記錄下來，並希望透過照片與文字，能夠撫慰現在或許正感到辛苦的人們，以最誠摯的心向大家分享二十一歲少年最平凡的生活日記。

《L's Bravo Viewtiful》開放預購後，隨即衝上實體書店及網路書店排行榜的第一名，而L也於6月2日、6月9日分別在日本及韓國舉辦新書簽名會，感謝粉絲對這本書的支持。在第一本文字攝影集受到粉絲們熱烈迴響後，9月2日經紀公司

公布了L的第二本文字攝影集的影片預告，並在9月4日公開部分內容，第二本文字攝影集在L的主動要求下，增加了更多L的手寫字體及塗鴉，而L也親自參與排版的部分，讓粉絲們透過L的文字及照片，看到與平常舞台上的L有點相似卻有又點不同的金明洙，以及欣賞這個二十一歲少年眼中所看見的美麗世界。

◆眾所皆知的偏執狂L

在節目上曾被其他團員爆料有偏執狂的L，先前因為實在太愛買襯衫，甚至到了同一件襯衫買不同顏色的程度，因此被經紀公司社長下令不准再買襯衫。沒想到L戒掉買襯衫的偏執狂習慣後，反而將他最愛的顏色「黑色」發揚光大，從衣服、配件到生活物品等，幾乎皆是清一色「黑麻麻」。在宣傳「Man In Love」接受訪問時提到成員們最近沉迷的事物時，L說：「最近我沉迷於購物的樂趣中，但是不管冬天、夏天，我的衣櫃裡依然只有黑色的衣服。我很喜歡黑色，但黑色好像會給人一種很暗淡的感覺，所以我現在正努力嘗試找尋顏色比較明亮的衣服。但每次買完東西後，發現我買的好像又是一堆暗沉沉的衣服，所以這次活動穿這麼鮮豔顏色的衣服，對我來說真的很新鮮。」而L對黑色的執著也表現在他自己的文字攝影集裡，全黑的書封設計，以及日記中第一篇就提到他最喜歡的顏色「黑色」，都能看出L

我愛 INFINITE

個性中有著格外固執的一面。如同書中L所說的一段話：「『執著是培育新靈感的代號』，這個名為執著的孩子……正合我意。」L的執著個性，還讓他獲得由偶像們票選出的執著偶像第三名呢！

另外談到心中的理想型，L也是從出道到現在都是一樣的答案，十分從一而終喔！L說比起性感型的女孩類型，他更喜歡留著長捲髮的清純型女孩，現實中他覺得最接近自己理想型的女孩就是Miss A的秀智，「國民初戀」秀智的魅力果然不同凡響呢！

第三章 L

INFINITE

第四章
成烈

★身高擔當、迷人的牙齦王子★

★KIM SUNG KYU
★CHANG DONG WOO
★NAM WOO HYUN
★LEE HO WON
★LEE SUNG YEOL
★KIM MYOUNG SOO
★LEE SUNG JONG

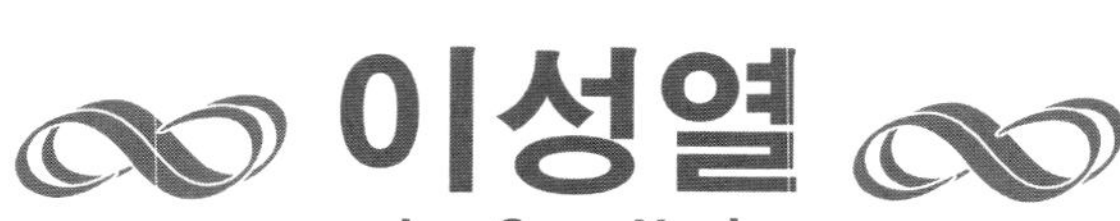

Lee Sung Yeol

藝　　名：成烈（성열）
本　　名：李成烈（Lee Sung Yeol）
生　　日：1991／8／27
出 生 地：京畿道
身　　高：184 公分
體　　重：52 公斤
血　　型：B 型
星　　座：處女座
學　　歷：韓國湖西大學演技系
家族成員：爸爸、媽媽、弟弟
綽　　號：烈初丁、牙齦王子、身高擔當、烈烈
興　　趣：閱讀、網路購物
喜歡的顏色：粉紅色

◆**成烈的小情報**◆

理想型：可愛，而且笑起來很漂亮的女生。

用一句話來形容個性：很樂觀積極、活潑的個性。

用動物來比喻自己：兔子。

座右銘：只要願意做，沒有不會成功的事。

◆**最晚加入 INFINITE 的成員**

成烈在2009年與Woollim Entertainment簽約之前，曾經是SM Academy演技部第十六期的練習生，而在加入INFINITE於2010年正式出道之前，成烈已經在不同的戲劇中客串，包括2008年的熱門韓劇「花樣男子流星花園」、2009年「做得好做得妙」等演出。

曾經在「INFINITE的瘋狂遊戲」第九集中，粉絲問到了關於成烈出道前差點退出INFINITE的傳言。HOYA說本來預計以五人或七人團體形式出道，當時HOYA和聖圭、東雨、優鉉、L是常一起練習的成員，後來才說要加入成烈、成鍾。為此，

第四章 成烈

五人原本很激烈地反對，優鉉也說因為當時他們認為，再增加兩個人對團體可能會有不好的影響，所以才強烈反對。甚至成烈在出道後，也有因為爭執，成烈有收過幾次行李的經驗。因為成烈的個性較直率，個性也比較衝動，常常不小心就會惹出事來。聖圭也詳說到，在INFINITE出道前因為練習生很多，成烈和弟弟們之間是因為誤會起爭執才會差點退出；而出道後則是有一次不小心說錯話，讓社長生氣地說不能再繼續帶他。在一旁的優鉉也證實了這件事，原來是因為成烈對職位很高的人用了半語，這在重視倫理的韓國可以說是一件很嚴重的事。而事後成烈才後知後覺發覺事態嚴重，還曾擔心地問著優鉉：「哥，我該怎麼辦才好？」，在哥哥們及前輩們的協助下，事情才告一段落，真是讓人為他捏了一把冷汗啊！雖然現在成烈的個性還是很大喇喇，有時甚至像個小孩子般喜歡調皮搗蛋，但他也因這次的事件變得比以前更加謹言慎行，成熟了不少。

而在第三張迷你專輯「INFINITIZE」成員各別的隱藏錄音中，成烈說因為自己原本的夢想並不是歌手，也曾因為這樣為其他成員帶來困擾。但是他希望經由自己慢慢努力改進，補上不足的地方，成為更好的人。而粉絲們也發現，比起剛出道時，成烈在最近專輯中唱歌部分比之前更多，也更進步了，歌迷們也肯定了他這段時間默默付出的努力，而積極樂觀的個性，也是成烈最大的優點及魅力所在。

◆ INFINITE 的身高擔當

身為 INFINITE 的身高擔當，成烈對於自己優越的身高十分得意，在接受媒體訪問中，問到成烈認為自己可以跟其他成員炫耀的部分時，成烈馬上回答說：「身高」，他說：「我負責拉高 INFINITE 平均身高，不過又由於我是隊裡面最高的成員，如果宿舍燈泡壞了就會聽到：『成烈啊，去換一下燈泡吧！』這樣的話，所以我也是 INFINITE 的燈泡負責人。」

被問到如果 INFINITE 少了成烈會變成怎麼樣時，他驕傲的回答說：「會完蛋吧。因為其他人都是短身，看起來就像是少了些什麼。身高都差不多的孩子們能做什麼啊？哈哈～」除了身高之外，成烈也十分在意自己的身材，曾透露私底下有健身的習慣，他說：「現在的身材需要靠健身來維持。相較於有點大的臉，我的肩膀比較窄，身體又太單薄，是一種很奇怪的組合。」

所以在「Second Invasion 2012」演唱會開始的前五個月，成烈犧牲了自己的睡眠時間來健身，希望透過演唱會向大家展示用心健身的成果，但反應卻不如他預期。

他說：「我以為在演唱會上脫衣服展示身材，應該會獲得像是『李成烈變性感了』這種反應。但因為我是在扮演泫雅表演『Trouble Maker』的時候才露出我的胸，所以反而獲得像是『好噁心』、『太煽情』、『他在幹嘛？』之類的留言。」令成烈感到哭笑不得。

◆最初的夢想，成烈的演員之路

成烈是INFINITE中最早嘗試戲劇演出的成員，除了出道前兩度客串演出戲劇的經歷以外，在２０１０年他以INFINITE的成員正式出道後，２０１１年５月，成烈加入了「你睡著的時候」的演員陣容，迎來自己第一部的螢幕處女作。在劇中，成烈扮演一個非常帥氣、擁有昂貴的房子，還是全校排名第一的少年「尹少俊」，成烈說：「完成試鏡後，我就知道我會演出這部戲劇。我已經能夠演出很多小角色，例如小偷或者犯罪的少年。現在這個機會對我來說真的很棒，我會很認真的準備，盡自己最大的努力去演好這部戲劇的。」

展現出對演技的十足自信與野心。而後成烈陸續在２１０３年７月，客串了「青春期混合曲」第二集的演出，飾演學生會長的角色，並在9月與4minute的智賢和

女演員 Clara 共同演出手機平台的戲劇「請記得，公主大人」。在十集的短劇中，成烈飾演主修工程系的男學生，因為迷戀由智賢扮演的戲劇社的女學生，因此參加戲劇社想要藉機接近她的故事，以大學社團戲劇社做為背景的青春校園愛情故事，讓粉絲萬分期待。

◆可愛的初丁形象

笑起來總是會露出大片牙齦的成烈，總是給人一種可愛的大男孩形象，因此也被粉絲稱呼為「牙齦王子」。每當看到他大笑露出牙齦的樣子，就會讓人也情不自禁跟著他微笑起來。而成烈在綜藝節目上傻氣直率的表現，也讓他獲得了另一個「烈初丁」的封號。

所謂的初丁，指的就是韓文中「國小學生」意思，也就是形容「幼稚」的意思。在「INFINITE 的瘋狂遊戲」裡「少年內視鏡」單元中，成烈惡整其他成員吃下「醋精香蕉」，那得逞後的小惡魔模樣，以及無時無刻各種幼稚的整人行為和令人措手不及的脫序行為，都讓人感受到他大男孩頑皮的一面。成烈在節目中，總是不計形象的搞笑，誇張的表情動作，都讓人忍不住直呼「好可愛！」。而成烈在節目上所

表現出的直率真誠面貌，也讓他受到許多粉絲的喜愛，當然可愛的「初丁形象」也成為他的註冊商標。

◆參與「金炳萬叢林的法則」加勒比海篇

在第二張單曲「DESTINY」發行前夕，成烈與吳鐘赫、趙如晶、金聖洙、柳談等人，加入了「金炳萬叢林的法則」第三季加勒比海篇的主持陣容，包括既有的成員金炳萬、盧宇振，一行人在6月20日出國前往當地拍攝。當晚成烈在個人推特留言給關心他的歌迷：「INSPIRIT Oppa 走囉！要好好的喔!!!」雖然粉絲十分心疼他必須一邊忙於新專輯的宣傳工作，一邊還要準備世界巡迴演唱會，但粉絲們也十分期待能夠透過節目，看到成烈在綜藝領域上活躍的表現。一共七集的內容，成烈不僅素顏主持，還挑戰了抓蜥蜴、浮潛、騎馬等內容，就連原本白皙的膚色都曬黑了，為了節目可說是犧牲許多。

不過當成烈從加勒比海返國後，粉絲們看到成烈的身材變得更加結實，都紛紛稱讚他變得更有男人味，就連個性也成熟了不少呢！結束六月長達十多天的錄影後，八月，盧宇振、柳談和趙如晶參加了「CulTwo Show」錄影，節目中趙如晶被問到以異性來說，吳鐘赫和成烈誰比較適合自己，她回答說：「成烈就像是我的弟弟一樣，與其說是異性不如說更像是很親的弟弟。所以比起成烈，吳鐘赫更有異性的感覺。」而在電話連線中另一頭聽到這段話的成烈則說：「我覺得有點難過，太過分了。」表達了不是滋味的心情，不過之後柳談開玩笑說：「有什麼好難過的，你不是也喜歡太妍嗎？」因此後來成烈被問到喜歡趙如晶還是喜歡太妍時，他都毫不猶豫地回答：「太妍姐姐」，反將了趙如晶一軍，引起了現場一片笑聲。

當天的節目中也公開了成烈寫的信，成烈說：「一直到不久之前，都和柳談哥跟盧宇振哥同甘共苦，這是我從出生到現在第一次寫長篇信，覺得累的時候聽了哥哥們的話就能夠再繼續熬下去，被蚊子騷擾明明是很辛苦的事，但看到盧宇振哥就笑了，在那種狀況下還能笑出來的哥，不愧是搞笑明星啊！」流露出對柳談和盧宇振的親近感及感謝之情。後來成烈才發現當天趙如晶也一起參與了節目，所以那封只寫給哥哥們的信，讓節目更添笑點，也見證了大家在加勒比海中累積起的革命情誼。

◆節目上不經意的情感流露，顯露理想型

從INFINITE出道後，成烈曾經在綜藝節目上多次提及少女時代的「太妍」是自己的理想型，在成烈錄製「叢林的法則——加勒比海篇」時，製作團隊特地邀請太妍錄了一段影像訊息給成烈。就在當天成烈看完媽媽因為擔心自己，留給自己的影像訊息後留下了眼淚，正反覆哭著且說不出話時，在突然收到了太妍的影像訊息後居然立刻停止哭泣，表現出十分開心的樣子。

當他看到太妍主動為自己加油打氣的樣子，一方面感到既害羞且興奮、又哭又笑的反應讓人不禁感到莞爾。在節目中，成烈和隊員在聊天的過程談到了地球末日的話題。盧宇振問成烈：「知道諾查丹瑪斯嗎？」成烈反問說：「是恐龍嗎？」引起眾人大笑。柳談則笑說：「你不知道成烈的心裡只有太妍嗎。」讓成烈害羞不已。盧宇振於是建議成烈，藉此機會回覆太妍的影像訊息，成烈便回覆說：「太妍姐姐，我經歷過這些磨練後，再親切地跟姐姐講述這裡的一切。」

◆新寵物「小皺紋」

從加勒比海結束錄影回到韓國沒多久後，成烈突然在推特上公開了自己的新寵物「小皺紋」，讓粉絲感到十分驚訝。7月12日他在個人推特留言：「今天起將和我一起生活的小皺紋!!一整天就只會呼嚕呼嚕地打鼾呢~.~」並附上了小皺紋的照片。小皺紋是一隻白色的加拿大無毛貓，隔天成烈也在推特上傳了他和小皺紋的合照，照片中，小皺紋正熟睡著，而成烈則赤裸著上半身躺著正視鏡頭，讓粉絲看了直說好害羞呢！

之後成烈更帶著小皺紋到音樂節目的後台，在等待錄影的空檔中，成烈再度上傳了一張老么成鍾與小皺紋的照片。只見成鍾以溫柔的眼神直視著正在熟睡的小皺紋，看來就連其他成員們也很疼愛小皺紋呢！而成烈也說小皺紋是一隻很會撒嬌的貓咪，粉絲們聞言也希望成烈在和小皺紋朝夕相處後，可以變得更加會撒嬌，除此之外，粉絲們也愛烏及烏，紛紛送上許多寵物用品給成烈，讓小皺紋和他的主人成烈能夠製造出更多美好、開心的時光。

第四章 成烈

INFINITE

第五章
聖圭

★擁有傲人歌唱實力的萬能 Leader★

★KIM SUNG KYU
★CHANG DONG WOO
★NAM WOO HYUN
★LEE HO WON
★LEE SUNG YEOL
★KIM MYOUNG SOO
★LEE SUNG JONG

第五章 聖圭

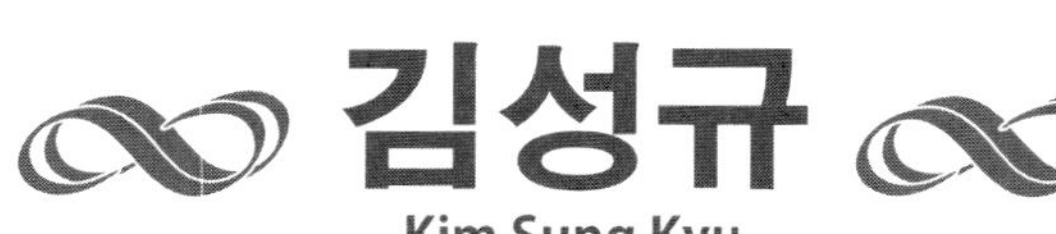

Kim Sung Kyu

藝　　名：聖圭（성규）

本　　名：金聖圭（Kim Sung Kyu）

生　　日：1989／4／28

出 生 地：全羅北道

身　　高：179 公分

體　　重：62 公斤

血　　型：A 型

星　　座：金牛座

學　　歷：韓國湖西大學實用音樂系

家族成員：爸爸、媽媽、姊姊

綽　　號：圭 geegee、老人圭、
瞇瞇眼、圭氣力

興　　趣：唱歌、看書、睡覺

喜歡的顏色：紅色

◆聖圭的小情報◆

理想型：皮膚白皙、性感與可愛兼具的女孩。

用一句話來形容個性：活潑的個性。

用動物來比喻自己：自己覺得是老虎，但綽號是鼴鼠。

座右銘：「做就對了！」所有的事情都充滿自信地去做吧！

◆出道前艱辛的夢想之路

出生於全州的聖圭，從小到大的志願就是成為一名歌手。聖圭曾說過：「我的目標，就是唱歌唱到死為止。」一開始家人並不贊同他成為歌手的夢想，而因為家人的強力反對，反而使得聖圭在高中畢業之後，為了完成自己的音樂之夢，獨自離開家鄉來到首爾，踏上了艱辛的築夢之旅。

「那時候，我覺得我一定會成功。」聖圭說：「我在烤肉店裡搬木炭打工，也曾經在咖啡廳裡當過服務生，還在麵包店打工過。當時獨自在餐廳裡打工，看到其他人和家人一起開心吃著烤肉的模樣，真的讓我差點當場流下眼淚。」終於，聖圭

的堅持及努力有了代價，2010年6月9日，他以INFINITE的主唱及隊長身分出道，證明了這條音樂之路，即使過程再崎嶇不平他也能克服。

談到辛苦的練習生時期，聖圭說INFINITE從一開始就是以團體的形式活動，在大家當練習生初期時，他和成鍾、HOYA就住在社長家。雖然社長對他們非常親切，但看著同期的練習生放棄及離開或是再加入新的練習生，也讓聖圭產生了很多的煩惱。聖圭在接受訪問時曾經說過：「這是一個充滿競爭的社會。我們從Audition開始便經歷競爭，接著在練習生時期也必須和其他練習生競爭，就算出道了則必須和別的團體競爭。越往前就有更大的競爭在等著，所以要成為不會在競爭中筋疲力盡，反而能享受競爭的人。」就這樣INFINITE每個成員在經歷一年到兩年不等的練習時間後，才得以七人男子團體「INFINITE」正式進軍韓國樂壇。

◆傲人的歌唱實力

身為INFINITE的主唱，聖圭的歌唱實力自然不凡，2012年2月，聖圭與優鉉加入了「光化門戀歌」音樂劇的演出陣容，透過舞台劇向觀眾展現他們傲人的歌唱實力，並透過音樂劇的演員身分得到大眾認同。5月時，歌唱節目「不朽的名曲——唱響傳說」也向聖圭招手，從「楊熹恩篇」開始加入「不朽的名曲」成為固定班底。

而後在7月21日播出的「夏日歌曲特集（上）」中，成員東雨、Baby Soul 也特地現身助陣合唱「海邊的女人」，聖圭以充滿夏天氣息的歌曲以及熱情愉快的舞台魅力，令觀眾留下深刻的印象。雖然後來聖圭因為海外行程的緣故退出節目，但聖圭在節目中的表現，讓不少本來不太認識他的觀眾也對他豎起大拇指呢！

2012年聖圭除了在音樂劇及歌唱節目中交出優秀的成績單以外，經紀公司透過官網在11月1日公開了「SOLO INVASION」的關鍵詞，預告了INFINITE的某位成員即將SOLO出道訊息，讓粉絲們都很期待。緊接著2日凌晨，正式宣布聖圭將以個人SOLO專輯「Another Me」單獨活動，並在11月7日率先公開歌曲「Shine」。

對於自己的首張專輯，聖圭說：「從以前開始，代表人就一直對我說：『準備出個人專輯吧！』就算沒有具體決定什麼東西，但我內心深處某個角落，還是一直認真準備著。」雖然對於自己一個人上台這件事，令聖圭感到很陌生，但無論是「不朽的名曲」或是在演唱會，一個人在舞台上唱歌，對他來說一直都是全新的挑戰。

第五章 聖圭

聖圭在接受媒體專訪時曾透露說，自己從小就很喜歡樂團，也憧憬有朝一日能夠成為搖滾樂團的主唱，高中的時候也曾組了個樂團，叫做「昏睡狀態 Beat」，會唱 MUSE 等的歌，出道前還曾經在弘大街頭演出過呢！而在主打歌曲「60秒」中，聖圭化身搖滾樂團主唱一圓兒時夢，哀切情感的美聲，搭配具有故事性的音樂錄影帶，讓大眾看見聖圭有別於 INFINITE 的另一個全新面貌。

◆ INFINITE 是我最閃耀的時刻

七名來自不同家庭的成員聚在一起生活，可想而知不是一件容易的事，身為 INFINITE 中年紀最大的大哥及隊長，聖圭也誠實坦白：「說沒吵過架那肯定是說謊，我們七個人在不同的環境生活長大，突然間對我們說：『今天你們就是一個團體了，以後要成為一家人。』這樣的話，當然沒有辦法立刻辦到。」

聖圭在接受訪問時也說：「準備 SOLO 專輯時，我深深體會到成員的存在對我來說真的很重要。」尤其是拍攝音樂錄影帶當天，成員們一直陪伴著聖圭，守護在他身邊讓他不會感到孤單，聖圭非常珍惜的說：「這四年來，我們克服一個接一個

的難題，相互扶持。不知不覺我們走在一起，就像是一片一片填滿的拼圖，我看見我們已經是一幅完美的圖畫，成為 INFINITE 就是我最閃耀的時刻。」

如同親兄弟般的感情，讓聖圭即使感到有點害羞，但仍然坦率的表達對於弟弟們的感謝，雖然聖圭在訪問中自認自己還有些不足的地方，但相信弟弟們對他的信任與支持，就是他能夠繼續奮鬥不懈的最大動力之一。

◆兩度特別客串演出戲劇

2012年8月，優鉉以本名演出了 MBC 的電視劇「第一千個男人」，而在第五集中，聖圭也特地以本名客串演出了優鉉的好朋友，扮演一個辛苦打工賺取學費，比同年齡的人都還要成熟的一名青年，和現實生活中聖圭的經歷也有些相似之處。在劇中聖圭時常幫優鉉解決困難，反應也非常靈敏，而聖圭也表示能跟優鉉一起演出覺得很開心，看到優鉉演戲的樣子他覺得很帥氣，也萌生了想要挑戰戲劇的想法。

在結束個人專輯「Another Me」的宣傳活動後，聖圭加入 SBS 的情境劇「一絲的純情」，和 KARA 韓昇延、MBLAQ G.O、Secret 宋智恩以及帝國之子的林時完，

分別扮演五位主角們的學生時期，以主角們年輕時期的校園生活吸引了觀眾的視線。集結眾多當紅偶像的「一絲的純情」，引發了所有 K-POP 粉絲的高度關注，而聖圭在歌唱、音樂劇、綜藝、戲劇等多領域，都一一有亮眼的表現，真不虧是 INFINITE 的萬能 Leader。

◆被團員們揶揄的「老人」形象

一講到聖圭，粉絲們可能馬上聯想到的其中一個形象，大概就是他的老人形象吧！在「強心臟」中，聖圭更自爆平常成員們都是怎麼取笑他的，娓娓道來關於自己暱稱「老人」的小故事。原來在先前的團體專屬綜藝節目「INFINITE 的瘋狂遊戲」中，聖圭因為年紀最大而被成員們開玩笑叫做「老人」，自此之後，觀眾們也都相信聖圭是 INFINITE 中最虛弱、體力最差的成員。

而聖圭也在節目上替自己解釋，他說：「粉絲們看到我都對我大喊：『要堅強！』也開始送我對健康有益的食物，像是紅蔘等補品，搞得我必須得在節目上表現得像是很虛弱的樣子。」讓現場笑成一片。而這樣的老人形象，更讓綜藝節目「Happy Together 3：弱男子特輯」，特地邀請聖圭和四十七歲的前輩金泰源比腕力。

在演藝圈內有國民奶奶之稱的金泰源和當時二十三歲的聖圭，這一場耐人尋味的力氣比賽，最終由力大無窮的金泰源獲得勝利，讓聖圭不禁大喊著說：「這真的太不可思議了！」從此之後，成員們便幫聖圭設定了團內的老人擔當角色，並對他說：「因為你年紀最大，你就一直裝病或裝沒力氣吧！」由於粉絲們仍常常送他補品、健康食品，並在每次偶像運動會中也常常捕捉到他疲憊的神情，讓聖圭的「老人」形象更加根深蒂固。

◆「INFINITE 序列王」中的墊底圭

聖圭另一個令人印象深刻的綽號，莫過於在「INFINITE 序列王」中的「墊底圭」了。在前五集「人氣王」、「頭腦王」的最終結果，以及「體能王」的事前排名預測中都墊底的聖圭，被 HOYA 取了「墊底圭」這個綽號。而後幾集，聖圭極力想洗刷這個稱號，更加努力地參與節目，終於在「膽量王」、「幸運王」中得冠，成功擺脫「墊底圭」的命運，讓聖圭開心不已。

雖然在節目中成為被成員開玩笑的對象，但是聖圭可愛的反應，也讓他受到廣大粉絲的喜愛，不少粉絲都表示，很喜歡看到聖圭被大家捉弄的樣子，因為聖圭的反應實在太可愛啦！他總會大大地張開嘴巴，像是也認同成員的吐糟般，無言地傻笑著。除了「INFINITE序列王」以外，聖圭在「一週偶像來報到」中，也常淪為被成員們欺負的對象，主持人及成員們的「以圭為主」的遊戲（意指為以聖圭做為主角，共同捉弄聖圭），看到聖圭不時無助抱頭的樣子，似乎都讓主持人鄭亨敦、Defconn，以及成員們和粉絲感到樂趣無窮。而在節目一週年特輯中，聖圭還被主持人選為最感謝的偶像第一名，可見主持人有多麼喜愛聖圭。

◆INFINITE中的吵架王

在綜藝節目《Beatles Code 2》，曾是INFINITE練習生中一員的郭正旭爆料了許多關於INFINITE的祕密。當天郭正旭在節目上，有些猶豫的說：「這個說了也沒關係嗎？我之前有看過聖圭和優鉉吵架。」聖圭則說：「我們是有吵架，那時候要去練習，可是優鉉一直賴床。我叫他起床的時候，他還對我發脾氣。」不過聖圭也立刻解釋：「但是優鉉很快就道歉了，我們也馬上化解誤會然後和好了。」

而在近期播出的綜藝節目「媽媽咪呀」中，INFINITE也被主持人問到，成員間如果有矛盾或是意見不合時，是否會吵架？主持人也向成員們提問：「到目前為止，曾經有過幾次大吵？」聖圭代表回應說：「大概有十次。」接著甚至搞笑分析說：「HOYA算是很會吵架的，老么成鍾則比較不會吵架。」

另外更透露說：「優鉉和成烈吵架的時候，通常都是優鉉贏。」主持人之一的圭賢也向成員們詢問：「吵架贏的標準是什麼？」聖圭說：「其中一方失去戰鬥力，或是再也沒有想吵架的想法時。」被問到曾經和哪位團員吵過架時，聖圭則一臉正經的說道：「優鉉，不過當然是我獲得勝利。」而節目製作團隊也特地幫聖圭標上「KING OF FIGHT」的字幕，讓觀眾看了都忍不住哈哈大笑。

◆【綜藝小雞】金聖圭

聖圭在綜藝節目上活躍的表現，讓許多綜藝節目的製作團隊都樂於邀請他上節目，而他坦白直率的發言也常常製造出許多意想不到的笑料。包括先前的「大國民Talk Show你好」中，一名女性觀眾因為老公常常亂扔她的東西而感到煩惱，主持人問起了聖圭是否也有類似的經驗時，聖圭說：「小學四年級的時候，Hip Hop褲非

常流行。媽媽看到我的褲子就說：『你在褲子拉屎了嗎？那是什麼褲子！』不但批評了我，還把我的褲子也扔了。」接著他補充說：「為了報復，所以我把媽媽的化妝品扔掉了。」讓現場來賓們笑成一片。

除了擔任綜藝節目的來賓以外，聖圭在2013年的2月、4月先後成為了「李秀根和金炳萬的上流社會」、「The Genius 遊戲的法則」固定班底，在「李秀根和金炳萬的上流社會」節目中，聖圭和SUPER JUNIOR的神童成為長期房客正式入住，開始「上流生活」。兩人與長期住戶李秀根、金炳萬展開了「頂層公寓主導戰」，而粉絲們聽到消息後，紛紛送上了大量的生活用品快遞到聖圭所住的3號房，滿滿的物品堆滿了整個房間，讓聖圭十分感動。在節目中，李英子還幫聖圭取了「綜藝小雞」這個可愛的綽號，她對聖圭說：「因為你是綜藝小雞，所以神童走到哪你就要跟到哪。」而這個貼切的暱稱也成為聖圭新的代名詞。

「The Genius 遊戲的法則」則是一個全新型態的綜藝節目，節目以邀請十三位各界菁英參加比賽，透過心理遊戲戰每集淘汰一名成員，最後的贏家將獲得一億韓幣的高額獎金。包括綜藝大哥金九拉、曾演出「學校2013」的演員崔昌燁、哈佛大學出身的企業家、首爾大學的數學天才少女以及INFINITE的隊長聖圭，為了獲

得最終勝利，十三人必須展開激烈的決鬥，是一個為了「生存」不得不堅決到最後，非常「真實」的實境節目。崔昌燁評論聖圭說：「在這個節目上可以看到擁有純真外表的聖圭，私下不為人知的另一面，聖圭可以說是『長得很善良的野狼』。」

今年九月開始，聖圭與申賢俊、鄭亨敦、李勛、南錫石、鄭糠雲一同主持的「希望之海」正式開播，以「集體離家出走」做為主題，透過「遊艇旅行」紀錄了六個大男人的旅行日記，聖圭在綜藝節目上的多方嘗試與活躍程度，堪稱 INFINITE 之最。

◆聖圭的理想型？

聖圭在「The Radio Star（黃金漁場）」中，主持人俞世潤列出了聖圭的理想型，分別是全智賢、SISTAR 的昭宥以及 4Minute 的泫雅。一般看到聖圭理想型的人都會問起這些女明星的共同點，「是因為她們很性感嗎？」但聖圭則說：「其實我喜歡女生有白皙的臉蛋和牛奶肌膚。」

雖然理想型很多，但泫雅是他多年來所關注的對象。聖圭解釋說：「我的確喜歡泫雅，但因為總是被人誤會……所以現在她看到我，她都會覺得我是私生飯，對此我要解釋一下……」而後，聖圭也特地錄製了一段影像留言給泫雅，他說：「我對泫雅的愛純粹只是粉絲的喜歡和欣賞，並不是男女間的愛。真的！我只是粉絲。請大家不要隨便做奇怪的聯想。」

而對於聖圭的澄清，圭賢提問說：「如果哪一天泫雅約你出去呢？」聖圭則回應：「你覺得這有可能嗎？」但後來又馬上改口說：「如果未來真的發生了……為了顧及粉絲們的感受，我會偷偷地……」看樣子，聖圭還真的是性感女神泫雅的忠實粉絲呢！

INFINITE

第六章
東雨

★時尚擔當、純真的牙齦天使★

★KIM SUNG KYU
★CHANG DONG WOO
★NAM WOO HYUN
★LEE HO WON
★LEE SUNG YEOL
★KIM MYOUNG SOO
★LEE SUNG JONG

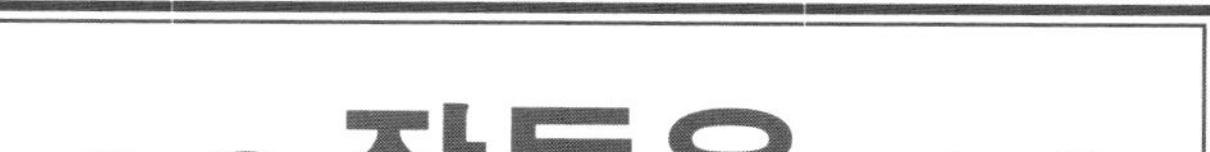

Chang Dong Woo

藝　　名：東雨（동우）
本　　名：張東雨（Chang Dong Woo）
生　　日：1990／11／22
出生地：京畿道
身　　高：175公分
體　　重：59公斤
血　　型：A型
星　　座：天蠍座
學　　歷：湖西大學實用音樂系
家族成員：爸爸、媽媽、兩位姊姊
綽　　號：肯亞人、牙齦天使、恐龍、二哥、小雨、天才、張東淑
興　　趣：Patica演奏（一種非洲原住民的樂器）
喜歡的顏色：綠色

◆東雨的小情報◆

理想型：Kota（Sunny Hill）、權昭賢（4Minute），不管什麼髮型都適合的女生。

用一句話來形容個性：容易跟他人處的很合的個性。

用動物來比喻自己：烏龜、刺蝟、航海王裡的喬巴。

座右銘：失敗為成功之母。

◆野性的外貌、天使般的內心

有著肯亞人綽號的東雨，那富有特色的五官，對許多初認識 INFINITE 的人來說可說是非常好認的成員之一。如同野生動物般炯炯有神的雙眼，性感的嘴唇，加上充滿魅力的舞蹈實力。在團體中負責 Rap 的東雨，因為長相的關係而被取了肯亞人的綽號，曾被票選為「最性感的嘴唇」排行第一名。在舞台上帥氣展現充滿氣勢 Rap 的東雨，可還是個被說擁有天使般性格的好青年，毫不矯揉造作的天真性格，加上陽光般的燦爛笑容，溫柔的暖男形象和舞台上的帥氣表現，被粉絲說是「反差萌」的代表。

作為INFINITE中年紀第二年長且性格很好的東雨，對待團員也是像對自己親兄弟一樣非常照顧，在隊長聖圭個人活動接受雜誌訪問時也說到，東雨是他最先會想依賴的人，也說到東雨的反應最好，和他相處起來格外的愉快。對於如此親切沒有架子的東雨，不管是在節目上或是接受媒體的採訪中，都常常可以看到他被團員們作弄，就連年紀最小的忙內成鍾有時也會逗著他玩。不只是在對人與人之間相處非常好的東雨，在韓國粉絲間也被稱為「概念偶像」（編註：可做為基本良好觀點概念的偶像），是相對於「無概念」的讚美詞。在網路廣為流傳著的是，在一次的偶像明星運動大會的賽事結束後，東雨被拍到一個人默默的在場上協助工作人員收拾環境的照片。另外某次上廣播節目接受訪問後，東雨作為團員中最後走的一位，也是為了留下來整理好桌上的紙張，因而被許多粉絲讚譽是非常懂事的偶像。

◆純真善良性格的愛哭包與膽小鬼

在舞台上以犀利神情且帥氣的魅力者著稱，但其真實性格善良如天使一般的東雨，率性的表現常讓東雨在鏡頭前被捕捉到許多有趣的畫面。像是他在參加綜藝節目錄製成員接受訪問的時候，以及攝影的空檔，都常常可以在畫面的角落看到東雨

我愛 INFINITE

在一旁手舞足蹈的樣子，或是因為團員有趣的發言而被逗得哈哈大笑。而表現自然率性的他，居然也是INFINITE中出名的愛哭包和膽小鬼，在INFINITE第一次得到第一名時，他和成員在接受頒獎時哭成一團。而後在其他次的回歸中也得第一名時，東雨也是一直在一旁落淚大哭的傢伙。當他發現其他成員也因為感動落淚時，即使自己也哭得淚流滿面，東雨仍會貼心地上前抱住大家安慰他們，就算自己一次也沒有在得獎時說過得獎感言，但仍總會在一旁以笑容守護著成員們。另外，善良的東雨在「一週偶像來報到」的小單元中挑戰成功而獲得韓牛時，主持人說只能與一位成員分享，讓東雨難以選擇。於是主持人要求全員閉上眼睛，請東雨親自餵食。只見東雨突然在兩位主持人耳朵旁細語後，兩位主持人便跟著東雨，悄悄地各別都夾韓牛餵食正閉著眼睛的所有成員。如此貼心的舉動，讓兩位主持人皆辛慰地看著體貼的東雨和INFINITE這個充滿溫暖的團體。

2011年東雨生日時也在自己的推特上，發布了一張自己哭得鼻子紅通通與INFINITE成員們和公司代表的合照。成員們也紛紛在推特上寫下給東雨的生日慶賀留言，原來大哭的原因，其實是因為成員們在東雨生日當天，大家為了給他生日驚喜，聯合了公司的代表演出一場整人大騙局。其實東雨不只會在鏡頭前不顧形象的大哭，他的膽子也是INFINITE中最禁不起嚇的。在「INFINITE序列王」節目中的「膽量王」單元，東雨因為非常怕鬼，被嚇得都快哭出來了。而東雨自己也常因為舞台為配合樂曲時有的爆破或是舞台噴撒的亮片給嚇到，還被忙內發現而過去安撫他。

◆不拘小節展現自然一面

平常看來雖然總是不顧形象的大笑，也會因為隱藏攝影機被團員作弄而大哭的東雨，不僅被粉絲讚美為是很懂事的偶像，原來其實看似憨直的他卻會在某些時刻，展現聰明的一面。不論是在「INFINITE序列王」中機智的表現，或是在綜藝節目中反應快又得體的發言等，都可以看到他非常睿智的一面。作為INFINITE培育者的Tablo就曾說過對於東雨的評價是「若不是完全的笨蛋，就是個完美的天才」，而到底真相如何，也被粉絲們喻為本世紀的謎題之一。

此外在節目「一週偶像來報到」中，東雨就被爆料很喜歡摸成員的屁股，喜歡摸屁股的習慣在粉絲間也相當出名，當下主持人們也順應粉絲要求來了個INFINITE屁股評價，由東雨票選團中最好跟最差的屁股。逗趣又害羞的內容，不僅引來團員的滿場哀號，也惹得全場歡笑聲不斷。最後由忙內成鍾榮獲第一名殊榮，最差觸感則給了隊長聖圭，這也讓粉絲們見識到心愛偶像有趣的一面。

而東雨也曾在接受韓國雜誌採訪時被成員抱怨說，常常會做出過人的舉動而被成員阻止。不僅有喜歡摸人的癖好，甚至還喜歡咬人，幾乎所有成員都曾被他的牙齒攻擊過，也因為綽號是恐龍的關係，在 INFINITE 於韓國媒體訪談中，東雨就被團員們說他喜歡咬人的這點，很像恐龍在咬東西。東雨也很憨直的在一旁點頭大笑，看來也是頗認同像恐龍這點呢！而說起偶像自然的一面，在東雨和東雨媽媽一同參加的韓國綜藝節目「媽媽咪呀」時，於節目進行中，可能因為東雨太累或是太過放鬆，不小心在節目上放屁被媽媽發現，於是急忙笑著道歉。而「放屁事件」也一度登上關鍵字排行，雖然聽起來很糗，但因為東雨大方不做作的關係，反而讓大家看到偶像自然純真的一面。

◆造型百變、INFINITE 中的時尚王

不論是在 BTD 中如火焰般的帥氣紅髮，或是 INFINITE H 時，一頭粉紅色、紫色搶眼的挑染，不管什麼樣的造型，東雨似乎都能很完美的做出屬於自己的時尚感。雖然在「INFINITE 序列王」中的「時尚王」由 L 獲得第一名，但不論什麼造型都能完美消化的東雨，也在節目中展現自己的一套時尚哲學。其實在東雨的時尚哲學中

最不可或缺的元素，大概就是他擅長用許多配件為衣著做搭配。特別是在 INFINITE 活動時，由於嘻哈曲風較為自由奔放，在主打歌 MV 中，就可以看到東雨用許多首飾和造型圖騰的耳環為自己的造型加分。不僅如此，在 INFINITE 活動時東雨也常會自己準備配件來增加自己造型的獨特性，在團體中也以對首飾的執著度聞名。

此外，不只是首飾配件的執著，他對顏色的執著也是相當強烈的，東雨自己也曾在訪問中說到最喜歡的顏色是綠色。平常私底下的休閒服或是在機場出入境時，也都可以時常看到他穿著綠色系的服裝出現。有趣的是 INFINITE 中也有不少成員都對自己喜歡的顏色擁有出了名的執著，像是 HOYA 最喜歡紫色，而門面擔當的 L，則因為喜歡黑色的衣服，在粉絲間是出了名的黑色偏執狂。不過一提到 INFINITE 的時尚風格，許多韓國電視節目就曾報導過，在眾多的偶像團體中，INFINITE 私下的練習室練舞打扮，還被票選為最會穿衣搭配的團體呢！

◆不斷練習奠定堅強的舞蹈實力

不同於台下率性自然，總是以帥氣的姿態於舞台上展現魅力的東雨，富有力與美的流暢舞蹈以及性感有磁性的 Rap，都是 INFINITE 歌曲中不可或缺的部分。而說

我愛 INFINITE

到東雨踏入演藝圈，在舞台上發光發熱的主要契機，正是拜東雨親姊姊之賜，因為他從小便跟著學舞的姊姊一同練習跳舞。東雨媽媽在節目「媽媽咪呀」中也說到，當時還是學生的東雨，在逛街時就被星探挖掘，原本以先完成義務教育為由婉拒了，但東雨自己卻提議希望能去舞蹈學院上課。而白天上課、晚上練舞的生活，本以為東雨會很快放棄，沒想到他卻越練越有興趣，更開啟了自己的演藝之路。

東雨於 INFINITE 出道前，在舞蹈表演方面就有了很豐富的經歷。從小到大不斷的練習以及對跳舞的熱情與天賦，曾在節目《Beatles Code 2》中就提到自己曾在舞蹈學院擔任教街舞的舞蹈老師，當時的他也還正在高中念書呢！由此可見他年紀輕輕就有很好的舞蹈實力，讓在場的所有人也為之讚嘆，隨後東雨也謙虛的表示，自己並沒有大家想的那麼厲害，會當舞蹈老師也是因朋友所託而去幫忙的。

東雨在加入 Woollim 娛樂前，與同樣以舞蹈實力著稱的 HOYA 一樣，也曾參加過 JYP 的公開試鏡，而後因緣際會正式加入 Woollim 娛樂。在練習生時期與 INFINITE 的成員們一起在前輩團 Epik High 的 MV 中演出，並和 HOYA 一同為前輩伴舞。或許正因為累積了如此多的舞台和表演經歷，再加上許多努力，讓東雨在團中也一直是擔任領舞和舞蹈中心的代表。

不僅如此，隊長聖圭在接受訪問時也曾提到對東雨的印象，聖圭表示說，雖然東雨平常笑笑的，但其實相當地穩重，總是會看場合在適當的時機發言。雖然另外還有相當頑固的一面，但是個有主見，對於自己覺得正確的事會相當執著的個性。隨後聖圭還笑著說到，若是只看東雨笑笑的而低估他的話，真的會相當可怕呢！

◆「INFINITE H」出輯，更顯唱歌好實力

在２０１３年年初，由東雨和 HOYA 所組成的子團「INFINITE H」也強勢出輯，不同於 INFINITE 充滿氣勢的展現，而是以充滿魅力的嘻哈風格及帥氣的 Rap，帶給了歌迷更多不同面貌的 INFINITE 新風格。他們在 MV 與舞台上也可以看到專屬於 INFINITE H 的表演，並請來實力派製作人 Primary 為他們操刀，創作出非常具有話題性的團體。

INFINITE H 在新曲發表時，也由同團的隊長聖圭及優鉉擔任發表會的主持人，而其他成員們也一同到會場為東雨和 HOYA 加油打氣，都能看見 INFINITE 成員間如家人般的深厚感情，隊長聖圭也以自身 SOLO 的感想，將經驗傳承給他們，等於是

給兩人莫大的鼓勵和支援。而 INFINITE 不只是 Rap 的部分讓人印象深刻，東雨在主打曲「Special Girl」中展現美好的歌唱功力，也讓大家見證了他優秀的演唱實力。

而東雨在談話節目《Beatles Code 2》中也一展歌喉，演唱了歌手 NEOL 的歌曲「姻緣」，讓聽過的粉絲都紛紛在網路上討論他的天籟好嗓音。另外，在滙集了韓國許多實力派歌手的節目「不朽的名曲」中，東雨也和 HOYA 一同帶來了充滿男子氣概的帥氣舞台，讓台下觀眾掌聲不斷。此外在 INFINITE 的 SECOND INVASION EVOLUTION 演唱會上，更演唱了隊長聖圭的 SOLO 歌曲「Because」，有別於平時自由奔放的嘻哈 Rap，充滿爆發力的搖滾曲風，讓台下歌迷尖叫聲不斷。

東雨以 INFINITE H 團體活動時，比起 INFINITE 七人活動時更加賣力，特別是為了帶給死忠歌迷們更多的感動。而東雨也因為 INFINITE H 忙碌的練習和宣傳活動的關係，體重直直掉了好幾公斤，後來公司也基於健康考量禁止東雨過度運動。東雨隨後也在接受媒體採訪笑説自己不知道為何變瘦，被經紀公司禁止運動後反而開始吃很多東西，讓聽到的粉絲們，紛紛説東雨真是個令人又愛又憐的好青年，為了回饋他們的努力，絕對會更加用心地為他們應援呢！

第六章 東雨

INFINITE

第七章
成鍾

★撒嬌擔當、令人驚豔的美貌★

★KIM SUNG KYU
★CHANG DONG WOO
★NAM WOO HYUN
★LEE HO WON
★LEE SUNG YEOL
★KIM MYOUNG SOO
★LEE SUNG JONG

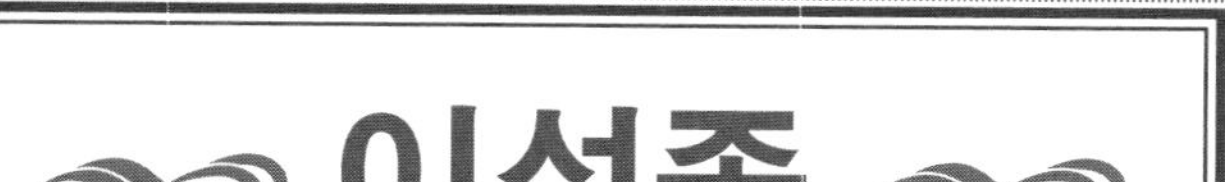

Lee Sung Jong

藝　　名：成鍾（成種）（성종）
本　　名：李成鍾（Lee Sung Jong）
生　　日：1993／9／3
出 生 地：光州
身　　高：179 公分
體　　重：52 公斤
血　　型：A 型
星　　座：處女座
學　　歷：公州映像大學演技系
家族成員：爸爸、媽媽、弟弟
綽　　號：忙內、呀！李成鍾、
檸檬糖少年、忙內 ON TOP
興　　趣：收集玩偶、看恐怖片、唱歌
喜歡的顏色：黃色

◆成鍾的小情報◆

理想型：性格開朗、樂天派的女生，朴春（2NE1）。
用一句話來形容個性：開朗直率的個性。
用動物來比喻自己：兔子或是貓。
座右銘：什麼事都要做到最好！

◆檸檬糖少年

只要一說到成鍾，就不得不提他「檸檬糖少年」的綽號。因為在許多節目上常常有成員，或是主持人們以「檸檬糖」的話題打趣地說到成鍾，此外，也可以在INFINITE演唱會，或是拍手會等公開場合，看到粉絲們高舉著「檸檬糖少年」的應援板。

而「檸檬糖少年」這個綽號的由來，是來自以前成鍾演過短劇「Just Like That Show」中的台詞。而該劇的女主角正是曾演過熱門韓劇「擁抱太陽的月亮」中女主角煙雨小時候的金宥貞，成鍾飾演女主角一見鍾情的鄰家哥哥。在女主角煩惱時，

成鍾就會適時的出現，並且遞給了她一顆檸檬糖。因此該劇的經典台詞「想法很多的時候，就來顆檸檬糖吧！」就成為了大家津津樂道的台詞。

後來「檸檬糖」也成為忙內成鍾的代名詞，特別是在後來 INFINITE 全員上節目時，主持人之一的金宥貞也在搶答遊戲中要求 INFINITE 成員說出一模一樣的台詞，頓時讓在場的哥哥們哀聲連連。連而以演技出名的L不只是難以招架，就連成鍾本人在親自示範後瞬間害羞外加尷尬到破表，連忙用手摀住臉頰，畫面相當可愛逗趣。

◆令人驚艷的漂亮外貌

INFINITE 團內的忙內成鍾在剛出道時，就因為出色的外貌被說和 SHINee 的泰民很像，都有著可媲美女生的漂亮臉蛋和牛奶皮膚，正因為如此出眾的外貌再加上高挑纖細的身材，和泰民一樣都被粉絲們公認為最適合女裝打扮的偶像。成鍾也曾因為有令人稱羨的皮膚，而被雜誌採訪時問到自己的保養祕訣是什麼？成鍾則回答他的保養祕訣就是「減少壓力，保持樂觀的想法」。

成鍾在節目「你是我的哥哥」中，比起其他團員雖然入鏡率不高，但由於成鍾出眾的外貌，被說是唯一可以和女主角媲美、擔任妹妹的最佳人選。就連培養出 INFINITE 的 Tablo 都忍不住問成鍾要不要考慮用女生身分出道呢！成鍾可說是全團中最有自信的成員，當他還在當練習生時，第一次和聖圭見面，聖圭就對成鍾說：「你真的長得很漂亮，你知道嗎？」而成鍾也回應聖圭說：「哥，要找到像我這樣的人很困難啊！」

此外，成員也曾爆料過，在某次上音樂節目時，成鍾就曾和坐在一旁的 HOYA 說到自己比一同上節目的女團成員們還漂亮的趣事。就連在綜藝節目《Beatles Code 2》上，也被主持人說因為成鍾的漂亮外貌，在和成鍾對話時會有心跳加速的感覺呢！然而隨著出道後的磨練以及年紀增長，在迎接成年後的成鍾也越來越成熟了，雖然他還是 INFINITE 中的忙內。但從「追擊者」、「Man In Love」到「DESTINY」……等歌曲中，都可以看到成鍾已漸漸脫去青澀少年形象，變得越來越成熟帥氣的樣子。

◆女團壓制！比女生還性感的 Sexy Dance

不只有令人驚艷的美麗外貌，身為團內年紀最小的老么，成鍾還有一項驚人的特長，就是 Sexy Dance，尤其擅常跳女團舞蹈。眾所周知 INFINITE 是以強而有力的

整齊群舞出名，每次在舞台上總有帥氣表現的成鍾，其實私底下喜歡練習女團的舞。他本人也曾在接受雜誌採訪時說到，自己會喜歡練習女團舞蹈是因為可以紓緩壓力。

剛出道時，在某一次成烈和成鍾參加的綜藝節目中表演個人特技時，成鍾也因為跳 Sexy Dance 太過賣力，跳著跳著便跳上了主持人的桌子，性感舞蹈魅力破表的樣子也嚇到在場不少人，就連向來以跳女團舞出名的 2AM 趙權都驚呼連連，不過也因為舞蹈太過嫵媚性感，就連社長看過後還特地下令禁止成鍾再跳 Sexy Dance 了。

儘管如此，忙內成鍾的女團舞還是非常搶眼，２０１２年 INFINITE Concert Second Invasion Evolution 演唱會上，成鍾在個人 SOLO 曲表演時，就以一身神祕黑色的高衩連身長裙模樣驚艷登場，並翻唱了歌手朴志胤的歌曲。而成鍾纖細的身材，搭配上性感的舞蹈也帶給全場歌迷驚喜，惹火的打扮讓台下歌迷們尖叫不斷，更有許多女生歌迷在看表演的過程中也都直呼，連身為女生的自己都有被比下去了的感覺呢！

◆令哥哥們稱羨的交友人脈

如果要說到 INFINITE 中的人脈王，第一個想到的肯定是在韓國偶像團體1991年出生的「91Line」好友成員中非常活躍的優鉉。不過一說到忙內成鍾在演藝圈中的交友人脈，他才是讓成員們既羨慕又嫉妒的人吧！也許是因為身為團中的老么，心思細膩加上和女生相處時較不會害羞的開朗個性，因此常常能一下子就和女生團體的成員混熟而成為朋友。而 INFINITE 的成員哥哥們，每次聽到成鍾認識了誰之後都大呼驚嘆，大家紛紛表示非常羨慕成鍾的好人緣，還票選他為是不會乖乖待在休息室的成員。成鍾經常會在節目上，或在接受採訪時被要求表演女團舞，成鍾最常表演 f（x）、SECERT、miss A、4Minute、After Shool 等女團的舞蹈，因為大多都是團內有成員跟成鍾感情不錯，由此可見他在偶像女團中的好人緣不容小覷。

也正因為成鍾的好個性、不害羞，加上如陽光般鄰家弟弟親切的感覺，讓許多女生也因此容易和他親近。特別是在歌唱表演或是綜藝節目上，大家也常常可以從鏡頭的小角落看到，成鍾有時會在一旁和其他女團的成員們玩在一起的可愛模樣。另外像是在「偶像明星運動大會」上，成鍾也可以很快的和同隊的其他女生們打成一片，有時還會一起跳女團舞，讓場外前來應援的粉絲們尖叫連連呢！

不過成鍾可不只和許多女團成員有良好的友誼，他與其他男團成員的感情也相當深厚，比如像是U-kiss、TEEN TOP、ZE:A帝國之子等成員們都有很好的交情。此外，以前成鍾在當「強心臟」的特別來賓時，當時為固定班底「Boom學院」的院長Boom，也曾說過希望能找成鍾加入該學院，成為第二屆成員呢！

◆忙內是哥哥們的寵物

韓國人因為對輩分及長幼有序非常重視的關係，INFINITE團中老么的成鍾，自然會受到哥哥們較多的關照。雖然也會經常受到哥哥們的指使或是被成員戲弄，而因此當選「最容易被團員戲弄的偶像」第一名，不過其實成員們對忙內成鍾的照顧可說是非常地溺愛，團內感情一向很好的INFINITE，哥哥們與忙內成鍾之間的互動也一直成為粉絲們關注的重點。

INFINITE隊長聖圭是團中最年長的成員，雖然和年紀最小的忙內成鍾也不過才差了四歲而已，但是對成鍾也如同自家親弟弟一般地照顧。雖然不時總會呼來喚去的指使成鍾做東做西，但大家都說那其實是隊長一種愛的表現。其他的成員也一樣，

例如聖圭在「INFINITE的瘋狂遊戲」中會用「呀！李成鍾」的叫法命令成鍾去打掃房間，或是在「家族誕生」中在一旁指使成鍾幫狗狗們清理大便。

儘管心不甘情不願，乖巧的成鍾還是會順從地完成吩咐。而成鍾也自有身為忙內的抒壓方式，他在「一週偶像來報到」節目上，就爆料自己有一隻巨大的熊熊玩偶，當自己心情不好時就會打它來發洩。而主持人問到那隻熊的名字時，成鍾也回答是「聖圭」，頓時讓現場矛頭轉到聖圭身上，變成為弟弟們戲弄隊長聖圭的有趣橋段。

除了聖圭之外，曾為成鍾室友的HOYA，也是常常揶揄成鍾的成員之一，HOYA常常會一針見血的吐槽成鍾，或像是爆料成鍾經常外宿晚歸等事情。當然成鍾不對時HOYA也會指正他，以及在成鍾外出晚歸時擔心他。雖然兩位哥哥都常會與成鍾打鬧，不過成鍾也說過，其實在團體生活中，一直以來最感謝的就是聖圭和HOYA了！他也說因為有這兩位哥哥陪在一旁，才能度過不愉快的時光，聖圭和HOYA也是成鍾最依賴的對象。

◆與哥哥們的感情像親人般深厚

另外說到年紀排行第二年長的東雨，與老么成鍾間的互動，不像長幼排序那樣、反而像是輩分顛倒般的關係，連成鍾自己也說過，東雨是團內第二好欺負的哥哥，這應該是因為東雨有著天使般的個性吧！其實在「INFINITE序列王」中的膽量比賽項目裡，貼心的成鍾就曾帶著因為怕鬼而動彈不得的東雨闖關，顯現出忙內的體貼。此外也因為和東雨玩起來較沒負擔，像在2013年的「偶像明星運動會」，正巧也是成鍾的生日，不只粉絲在場外為成鍾帶來祝福，也有粉絲們捕捉到東雨將成鍾背在肩上繞場玩耍的畫面，更是讓粉絲們直呼兩人感情真好呢！

在INFINITE中被粉絲稱為湯姆貓和傑瑞鼠組合的，就是優鉉和成鍾了。精明又愛玩的優鉉常會逗得成鍾無法招架，有時戲弄過頭也會讓成鍾追著他滿場跑。像某一次在優鉉的生日會上，成員們設計要砸他蛋糕，精明的優鉉及時察覺，到最後受害的總是忙內成鍾。

但其實成鍾也總說優鉉才是第一好欺負的哥哥，每每在被優鉉逗弄後也常不顧節目正在錄製中馬上就會反擊回去。例如在「INFINITE的瘋狂遊戲」中，當成鍾在

小河邊玩水時，優鉉調皮地作勢要將成鍾推下水，而成鍾也會不甘示弱地欺負回去，兩人也是最常私下一起出外玩耍、唱歌的組合。

除了優鉉之外，如小學生一般的成烈也常戲弄成鍾，但比起東雨更是輩分顛倒的樣子，有時成鍾反而會像哥哥一樣幫成烈打理好一切。另外再說到INFINITE中最寵成鍾的，那絕對就是L了！由於兩人的年紀差距最小，喜歡的東西類型也較相似，讓L很自然的就會想去照顧他。也常常可以在演唱會上看到L像媽媽般，在一旁幫成鍾整理因為流汗而亂掉的頭髮，或是像在「序列王」中，可以看到L對成鍾無微不至的照顧，讓成鍾在接受訪問時也都頻頻說到自己非常感謝L，還說自己常常向L傾吐心聲，L絕對是成員中最瞭解他的人呢！種種的相處模式之下，都可以看得出成鍾和哥哥們的感情，如同親兄弟般密不可分。

第七章 成鍾

INFINITE

第八章
優鉉

★發言擔當、最受青睞的溫暖男★

★KIM SUNG KYU
★CHANG DONG WOO
★NAM WOO HYUN
★LEE HO WON
★LEE SUNG YEOL
★KIM MYOUNG SOO
★LEE SUNG JONG

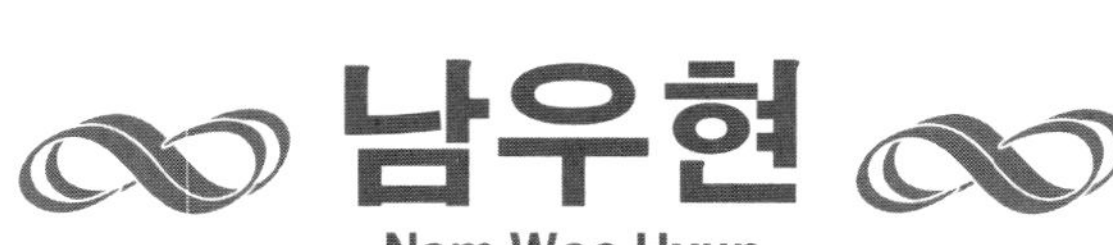

Nam Woo Hyun

藝　　名：優鉉（優賢）（우현）

本　　名：南優鉉（Nam Woo Hyun）

生　　日：1991／2／8

出 生 地：首爾

身　　高：176 公分

體　　重：58 公斤

血　　型：B 型

星　　座：水瓶座

學　　歷：東亞放送藝術大學放送演藝系

家族成員：爸爸、媽媽、哥哥

綽　　號：南 Star、南花花、
南操練、南 MC

興　　趣：滑雪、網球

喜歡的顏色：紅色

◆優鉉的小情報◆

理想型：可愛又會撒嬌，臉頰有點鼓鼓的女生。

用一句話來形容個性：一直很開朗的個性。

用動物來比喻自己：狗？

座右銘：努力不會背叛你。

◆熱愛音樂且享受表演的優鉉

曾在「INFINITE序列王」第七集「時尚王」中，介紹自己出道前當過網路模特兒的優鉉，在２００９年５月參加Woollim Entertainment徵選並於簽約前，就已經在演藝圈活躍地展開活動。２００８年他參加第六屆Hello Star比賽獲得銅牌獎，並演出了KooPD「遙遠的故鄉」音樂錄影帶，以及獲得在Mnet綜藝節目「Girl's Punch」亮相的機會，豐富的演出經歷讓優鉉在INFINITE甫出道時，即能自信地展現自己，因而迅速地抓住粉絲們的目光。

優鉉也是INFINITE中的最佳發言人，口才很好且反應又快的他，除了在INFINITE演唱會中當過主持人，也曾經主持過幾次音樂節目的特輯呢！優鉉曾經在受訪時說過：「我喜歡音樂，也希望透過音樂來傳達心情，一直以來我都是這樣認為的。」即使到現在，仍然每天都一定要練習唱歌的優鉉說：「音樂是沒有盡頭的，總覺得再怎麼練習都還是不夠，真的……陷入音樂裡面了。」熱愛音樂並享受融入於表演中的優鉉，就是他最大的魅力之一！

◆實力派美聲主唱

身為INFINITE的主唱之一，優鉉的唱功自然不在話下，除了在2012年2月和聖圭一同演出音樂劇「光化門戀歌」，最讓人印象深刻的就是他在2011年KBS2音樂節目「不朽的名曲2」中精彩的演出。「不朽的名曲2」節目製作人曾公開稱讚過優鉉，並透露了當初在選擇歌手人選時的苦惱。

當時節目製作人說：「因為INFINITE中還有另一位主唱聖圭。要選擇聖圭還是優鉉，讓我非常苦惱，苦惱過後決定由優鉉演出。這位是很會唱歌的偶像，希望大家多多鼓勵他。」表達了他對優鉉的肯定。而優鉉在「不朽的名曲2」中的表現，

同樣沒有令人失望。具有號召力的嗓音和歌唱實力技巧，讓不少觀眾們大吃一驚，少了華麗的舞台表演包裝，優鉉的動人美聲與個人魅力仍顯得閃耀動人。

對於參加這樣具有挑戰性的歌唱節目，優鉉同時也備感壓力，他說：「這和 INFINITE 成員一起表演時的舞台是完全不一樣的，每次站上舞台都會感到無法言喻的負擔感，但是身為 INFINITE 的代表，我會抱著代表團體的自負心努力表現。」因為這個節目，也讓優鉉增加了很多阿姨粉絲跟媽媽粉絲，甚至優鉉還對後來參加同節目的隊長聖圭說過：「因為這個節目我多了很多阿姨粉絲跟媽媽粉絲，我想聖圭哥應該也很快就會有了吧！」

看來參加「不朽的名曲2」對優鉉來說真是收穫滿滿啊！而在2011年 INFINITE 首張正規專輯中「OVER THE TOP」收錄的優鉉 SOLO 曲「時間啊」，以及2012年2月與 Lucia 的合唱曲「仙人掌」，優鉉渾厚的美聲透過歌曲，完美地傳遞到每個粉絲的心底深處。

◆與 91Line 成員的友情

1991年出生的優鉉在演藝圈中有著許多偶像好朋友，包括KEY、妮可、珍雲、孫東雲、Mir、在真、Min、昭宥等人，雖然大家平常分別屬於不同的團體、經紀公司，但在重視年紀輩分與倫理的韓國，他們因為年紀相仿而成為好朋友，私底下不僅時常聚會，也會互相打氣扶持，展現出令人稱羨的友情。

這群1991年出生的偶像就被稱為「91Line」，而SHINee的KEY就是「91Line」中的靈魂人物兼隊長，也是最常更新「91Line」近況的偶像。不久前才開通Instagram的優鉉，KEY就是第一個關注他的好朋友，可見兩人的感情真的很深厚呢！除了和KEY的關係非常密切之外，之前「ONE GREAT STEP」首爾場演唱會，KARA的妮可也公開了在後台時和優鉉的合照，並留言：「INFINITE One Great Step. Beautiful 南優鉉很帥很帥，呵呵，World Tour 加油！」等應援文字。照片中兩人手比可愛的V字，對著鏡頭擺出親密姿勢，好交情不言而喻。

而「91Line」的成員也常常透過推特聯絡感情，BEAST之前在音樂節目中拿下冠軍後，孫東雲透過推特感謝粉絲，優鉉也隨即回應了孫東雲：「恭喜孫男神!!孫東雲、南優鉉，神??孫南神……?呵呵呵」的逗趣留言恭喜好朋友，並上傳了兩人在舞台待機室中等待的帥氣合照，「91Line」成員間溫暖的友情，讓粉絲們看了也感到十分溫馨。紛紛留言表示：「『91Line』是人氣團體的總集合」、「『91Line』是花美男 Line……」等。每當「91Line」成員所屬的團體回歸時，也常常會看到所有「91Line」成員們在各大音樂節目待機室中聚在一起的認證照，雖然在工作上這群1991年生的偶像們好像是相互競爭的關係，但「91Line」成員間所展現出的好友誼無疑是更加深刻。

◆演藝圈中最受歡迎的年下男偶像

曾在綜藝節目《Beatles Code 2》裡被同公司藝人郭正旭爆料，因為很了解女生的心，私底下十分受到女演員歡迎的優鉉，其實也是一位很受年上女（年紀比男方大的女生）歡迎的年下男偶像喔！（年下男：年紀比女方小的男生）。

同為「91Line」一份子的 MBLAQ 成員 Mir 的姐姐高恩雅，就曾公開表示過欣賞優鉉，並在「Talk Club 演員們」節目主持人的提問中透露，如果有一天演出「我們結婚了」最想和誰成為假想夫妻時，誠實回答想跟優鉉一起演出。高恩雅說：「因為年紀又長了一歲，而我也想見見年下男……」，優鉉燦爛的笑容和可愛的外表，果然是擄獲姐姐們芳心的最佳武器！

而優鉉也曾經在推特上公開了一張自拍照片，並自稱為「嘴唇王子」，在錄製綜藝節目「指環王」時，被主持人問到「有親吻經驗嗎？」這樣尷尬的問題，優鉉則坦然回應：「我高一的時候已經試過了。」直率的魅力，不管是在粉絲或女藝人間都很有人氣呢！事實上，優鉉在學生時期也曾對一位高三的學姊一見鍾情，雖然當時年紀比對方小，只是一個高二的男學生，但優鉉表示：「對方是一個很會撒嬌、且能理解我心情的人。」果然很符合優鉉多次在訪問中提及的理想型，看來只要是很會撒嬌又能夠讓他心動的可愛女孩，年齡不是距離，不管差幾歲都沒有問題！

◆與眾不同的戲劇新人

INFINITE的成員們很早就開始了戲劇演出的嘗試，從成烈開始、L、HOYA，接著優鉉的戲劇演出機會也終於在2012年找上門來。在「第一千個男人」中，優鉉以本名演出了一名愛上九尾狐的年下男，和飾演九尾狐「具美貌」的孝敏（T-ara）有不少親密的對手戲，雖然優鉉是第一次演戲，但和優鉉合作的劇組人員也表示，優鉉有著十分成熟的演技，不同於一般新人，令人感到驚訝呢！

在其中一場和孝敏以腹肌決勝負的戲中，讓優鉉也不自禁感到害羞的說出心裡話：「和孝敏演出對手戲讓我相當緊張！」劇中孝敏為了挑逗優鉉，大膽的掀起上衣露出小蠻腰，優鉉也隨即不甘示弱跟著撩起T恤，讓雙方粉絲眼睛大吃冰淇淋，看得可是心花怒放呢！而先前在記者會上，優鉉也說：「我因為拍攝而睡眠不足時會變得很敏感，但成員們在這個時候就會努力想讓我笑。老實說，有時候他們並不好笑，可是看到他們這麼努力的想逗我笑，就覺得他們很可愛。感謝他們對我的支持，也給了我很多鼓勵，這段時間我很開心地進行了拍攝。」雖然是第一次演戲，但優鉉自然率真的表現，獲得了劇組工作人員一致的肯定。

◆即使受傷了也不放棄練習

INFINITE 在拍攝第二張迷你專輯「Evolution」主打歌「BTD」音樂錄影帶時，優鉉和L有不少的打鬥戲，甚至還有從高處墜落的畫面需要拍攝，而就在拍攝 MV 時，優鉉在不斷重複拍攝的場景中不慎受傷了。經紀公司表示：「在過去的兩個月裡，優鉉開始接受武術指導，並且學習基本和中階的技巧，但在拍攝過程中，優鉉

的腰卻不慎受傷，雖然他因腰部負傷感到疼痛，但是由於拍攝的結果很好，能展現出帥氣的面貌給粉絲令優鉉覺得很安慰。」並傳達了讓粉絲擔心優鉉的傷勢，他們也感到非常抱歉。而敬業的優鉉即使受傷了，仍然堅持和成員們一起練習，想給粉絲一個完美的回歸舞台，休息四週後隨即投入了INFINITE回歸前的練習，讓粉絲感到十分心疼及感動，敬業的精神真的是讓令人想為他們豎起大拇指！

◆緊緊抓住粉絲心的溫暖偶像

在「INFINITE序列王」中被其他成員暱稱為「南操練」的優鉉（編註：意指了解粉絲心情，懂得如何回應粉絲。粉絲的心像被他操控了一樣，對他百依百順。），不僅擅於掌握氣氛，指導成員們什麼時候該做什麼事以外，也是INFINITE中最懂得粉絲心的成員之一。不論是在公開場合或私下，優鉉總不吝於向粉絲們表達他的愛意與關心，其中最有名的就是他向粉絲拋射愛心的動作，因此優鉉在粉絲間還多了一個「Heart王子」的暱稱呢！

優鉉之前在接受媒體專訪時，曾經說過他的興趣就是「研究怎麼樣才能從粉絲那邊得到更多的愛」。他說：「怎麼做粉絲們才會更開心呢？要怎麼做才能跟粉絲

們更接近呢？我的祕訣就是不把粉絲當成粉絲看待，而是當成女朋友！偶爾也像是跟朋友或是像兄妹一樣的相處。」而優鉉也曾在泰國粉絲見面會結束後，在他的 Twitter 上放了一張由許多張照片拼湊而成的超大愛心自拍照，感謝泰國的粉絲們，超強的 Fan Service（服務粉絲）功力，讓不少偶像都特地來拜優鉉為師，想向他討教呢！

此外，優鉉也曾經說過：「當我看見拿著寫著我名字應援牌的歌迷，是我深深感受到自己是藝人的那一瞬間，我會在舞台上找應援牌並看著他們，希望能成為特地前來看我們的人的美好回憶。」溫暖的言語讓粉絲感到窩心不已。如果 INFINITE 的宣傳行程錄製時間比較晚的時候，優鉉也總是十分擔心歌迷，好幾次都在推特上留言希望粉絲注意安全，回家路上小心，並感謝粉絲的應援，真的是一個貼心的「大暖男」呢！

114

INFINITE

第九章
INFINITE 序列王

★魅力無限的大勢偶像★

★KIM SUNG KYU
★CHANG DONG WOO
★NAM WOO HYUN
★LEE HO WON
★LEE SUNG YEOL
★KIM MYOUNG SOO
★LEE SUNG JONG

【第九章】INFINITE 序列王

◆INFINITE 序列王（인피니트 서열왕）

序列王是INFINITE於２０１２年SBS電視台所推出的一個團體綜藝節目，節目內容由INFINITE的七位成員在序列村通過各自歌唱、舞蹈、演技以及操練等等方面評比，而產生出每一期的王者。也就是透過這個節目，讓成員們發揮個人魅力和專長，來爭奪每集「王」的位子！

其實在韓國，偶像團體間的競爭是很激烈的，網友們會幫偶像明星們做各項類似排行榜般的排名，例如：那一團的團員最帥、偶像中誰舞蹈最厲害、團體平均身高最高、團體平均年紀最小等……於是電視台也趁機將這現象企劃推出「INFINITE序列王」這節目，由INFINITE七位不同個性、各有魅力的少年們為每個單元不同的主題做成員間的排名。

而「INFINITE序列王」節目介紹便指出：『每個人從出生就被決定了順序，在世界上，任何事情都存在著順序。而現在正式是大韓民國的偶像順位排名警報。由華麗回歸的無限偶像——INFINITE，擁有七色魅力的七位團員們，透過努力，尋找存在於不同領域中的順位王。』

節目中每單元以此概念，會先透過網友們預先針對不同主題，為INFINITE七人做預想排名。而在節目中，便將INFINITE七人聚集在名為「序列村」的地方，讓想成為各個領域中第一名的七位無限青年們，在序列村中揭開激烈的順位之戰。而各自擁有不同魅力的無限偶像們，也會為了揭露出真正的順位在序列村中努力奮戰。而節目進行到最後選出的序列王會是誰呢？透過「INFINITE序列王」給觀眾與粉絲最真實且保證精彩的INFINITE專屬節目。

◆序列王第一個主題：人氣王（INFINITE序列王：EP1 & EP2）

專屬於INFINITE的實境競賽節目，每個單元都會進行預想的「事前排行順序」投票。本次則由歌迷於網路票選決定對成員的好感度排名，接著成員們也將在每個不同單元中慢慢的展現出各自的魅力！由於是首集的播出，製作單位在片頭影片的拍攝與後制也以不同於舞台上INFINITE的酷帥風格，而是改以可愛風格呈現。

第一個主題由粉絲事前決定的好感度票選排行順序為：無限偶像1號優鉉，無限偶像2號L，無限偶像3號聖圭，無限偶像4號東雨，無限偶像5號成烈，無限偶像6號HOYA，無限偶像7號成鍾。接著，偶像們登場囉！

有著「Heart製造機」稱號，一向以Heart手勢與所有人交流的無限偶像1號優鉉，今天的打扮走的是「哈利波特」風，工作人員將1號牌遞給優鉉，由於一開始製作單為並未公布有「事前排行順序」，所以不知情的優鉉以為自己是因為第一個到達現場，因此拿到了1號牌，儘管不清楚原由，他還是因為拿到1號牌而開心。

第二位緩緩走進來的是與他身著的藍夾克非常相稱，並有著無畏且深遂眼神的無限偶像2號L，看似冷漠的形象，其實私底下的他是個標準的暖男，看完本單元後相信大家應該會非常認同的。

把手插在口袋裡一顛一顛的登場，總是看不出來眼睛是閉著，還是睜著的無限偶像3號聖圭，「睏死了」是他經常掛在嘴邊的口頭禪。

緊接著進場的，是與3號形成強烈對比的精力過剩的無限偶像4號東雨，雖然在走進序列村時有些散漫地東張西望，但從正式登場開始就以敏捷有力的舞蹈，散發強勁的魅力。

每每總是露著兩排牙齦感覺非常悠閒的無限偶像5號成烈，這回展現的是酷酷的形象，受了傷的雙手都包裹著紗布，好像還蠻嚴重的樣子，也許是傷口痛而感到不適，所以感覺成烈較無平時吵鬧的初丁形象。

用敏捷的步伐跳著絢麗舞蹈登場的無限偶像6號HOYA，在「序列王」中的表現非常活潑，他果然是跳舞機器，隨時都能跳上一段舞蹈，實在真厲害！

像初春的花朵一樣帶著芬芳的忙內，無限偶像7號成鍾，也是哥哥們平常最愛捉弄的對象，一開始的人氣度排行順序雖然是最後一名，不過結局似乎大逆轉囉。

在製作單位發表「事前排行順序」後，每個人都必須努力地給彼此留下良好的印象，再經由成員們之間的重新票選，才能得到真正的人氣王。節目內容設定七位成員彼此都是第一次見面，所以，最初大家都要假裝互不相識，也必須以號碼稱呼對方，並且規定要使用敬語對話。

一開始以抽籤方式決定室友：L與成鍾；HOYA與東雨；優鉉則與聖圭和成烈。現在對於七名無限偶像來說，最重要的就是要提高自己在成員間的好感度。L跟成鍾在房裡的交流就是以講聖圭壞話為主題。HOYA 跟東雨呢？明明就很熟悉的兩個人卻仍要假裝不熟，尷尬的、和氣的聊著彼此的興趣。

優鉉與聖圭和成烈這組就有趣了！行李中攜帶的全是補品，有紅蔘、健康食品、保養品、面膜、還有藥膏，成烈是因為受傷所以帶了藥品，而聖圭竟然說：「自己需要隨時補充體力，所以都隨身攜帶紅蔘！」真是讓人忍不住想吐糟他：「你是老人家嗎？」果然不虧是粉絲和成員都認定的最虛弱的偶像隊長。短暫的房間相處後，為了正式提高成員們的好感度，再度聚集了七名無限成員。

現在開始的是無限偶像正式的自我介紹以及散發自我魅力的時間，當1號無限偶像優鉉就定位準備自我介紹時，毒舌的成烈突然對著優鉉說：「你今天看起來怎麼這麼短（短身：形容身形比例很矮）啊！」，優鉉則笑笑地回答：「今天沒有放鞋墊！」接著成烈再度嫌棄優鉉戴的眼鏡：「你真的覺得自己的打扮配上這副眼鏡適合嗎？」而優鉉則也非常肯定自己的「南式」風格，用誠懇的表情回答成烈：「嗯！真的很適合。」成烈只好回答：「那我無話可說了！」優鉉還表示為了配合當天的氣氛，決定高歌一曲，但才唱了一句就被聖圭高聲歡呼及拍手，中斷他的表演。忙內成鍾圓場地表示，優鉉到此為止魅力表現得剛剛好。優鉉默默地被團員們趕下場，讓他覺得有點失落及可惜。

接著輪到2號無限偶像L登場了，L真的很帥，就算是安靜地站著不動也很帥，不愧是門面擔當就連形象也擔當了。被成員問了興趣是什麼時，L笑笑地說是拍照，如果配對成功了，就會在如此風光明媚的地方幫對方拍照。

3號聖圭自我介紹的時候，那畫面就像是鄉下的爺爺給他的孫子孫女發影像信函一樣，讓成烈又忍不住地吐嘈他。接著被問到特技是什麼，聖圭回答：「超凡魅力」，所有成員聽完都瞬間安靜無聲，不知道怎麼回應他且吐糟說著，那根本就不是持技嘛。聖圭只好說著：「無論如何，拜託了。」而這時唯獨6號HOYA專注地凝視著3號聖圭，是否因此對聖圭的好感度升高了呢？

4號東雨很有禮貌地鞠了躬，並直接展現自己的特技Rap。成員們似乎都期待著東雨失誤帶來的笑點，但毫無失誤的東雨，令所有人瞬間都提高了對他的好感度，聽到接連著的稱讚，讓東雨高興得手舞足蹈。

5號成烈尚未自我介紹就直說著爆炸宣言：「實際上男人之間不太愛玩這種Couple（配對）遊戲！」表示對好感度不在意。同樣都身為男性，得到的是什麼呢？但仍表示，他會盡全力讓大家看到他努力的樣子，以後也請大家多多關注，他會用心的。

6號HOYA，謙虛地說著自己會跳點舞，接受1號優鉉的指定曲目，但卻對4號東雨跳著抒情的浪漫舞步，到底他的心思是向著哪邊呢？

7號成鍾很有禮貌地說著，自己的專長還是演技吧！聽到演技，成員們都表示非常感興趣！對7號成鍾的好感度也上升了。成鍾擺出可愛POSE說著他的招牌台詞「天氣好的時候就是檸檬糖！」，但殊不知是大慘況，在做完這個動作後，其他哥哥們都以「面無表情」回應他！認為成鍾的特點應該是「可愛」和「逗趣」，但都沒有表現出來，實在很可惜。連成鍾本人事後也感到後悔，不知道當時為什麼想表現演技。不過2號L卻覺得表現不錯，成鍾那手足無措的樣子，會讓人發出母性愛，想保護他。

為了讓大家飄浮不定的心思安定下來，緊接著是午餐時間，這次是要選擇一起吃便當的便當情侶（Couple）囉！1號優鉉沒有人選他，自己傷心的想退場。接著輪到2號L，還肉麻地送出飛吻，此時東雨及成烈搶著要跟L配對！但L很用力地將兩人都推開了！被6號HOYA以壞男人稱呼著。製作單位為問L：「為什麼拒絕了4號和5號？」L則表示：「因為我真的對他們一點點心意都沒有！所以才會這樣。」、「其實這樣蠻害羞的，所以我想等到那位（心裡所屬）出來。」1號優鉉還自己站出來說，該不會那個人是自己吧。但立刻就被L回答說：「我確定那位不是你。」

接著HOYA選擇了3號聖圭，理由是：「現在壞男人是大勢啊！我不知不覺被吸引了，腳就自動向著3號走過去了」。而聖圭也接受了，所以3號聖圭跟6號HOYA配對成功！首對便當Couple誕生，兩位都很有獨特魅力，非常相似，似乎是天生的緣分。

當東雨、成烈要選伴時優鉉也都走了出來，不斷熱情地發射他的愛心，但是成烈跟東雨還是以極快的速度回答：「不要」，東雨還說等到明年再一起吃吧。優鉉失落地垂下肩膀，更無奈地表示說：「幹嘛這麼快就不要。」雖然粉絲排行好感度第一，但在團員中似乎不是那麼一回事。優鉉說：「因為最想選的6號已經選擇3號了，所以只能到處試試了。」

最後是一開始進入序列村就不斷被哥哥們欺負的成鍾，但在選擇時有三位成員選擇了他。分別是1號優鉉、2號L、5號成烈。優鉉因為事前排行第1名，立即就被最後一名的成鍾拒絕。而2號L一直積極的說想多了解成鍾並不斷地釋出善意，成鍾聽了非常的滿意，決定由2號當選！所以也順利配對成功！

一直被拒絕的成烈臉色有些沉，眼尖的優鉉問成烈：「是生氣了嗎？」6號HOYA說：「5號一開始不是說不喜歡和男生玩什麼配對遊戲嗎？」成烈立刻否認地回答：「沒有，很好啊，我喜歡！」而順序再度輪回由1號優鉉選擇，曾都拒絕他的4號東雨及5號成烈都站了出來，優鉉百般苦惱之下，選擇了東雨！大家都成雙成對地開心吃便當，獨留雙手受傷的成烈一個人吃便當！

為了重新排序根據粉絲的好感度所排行的順位，隊員們要爭取成為好感度最高的人氣王才行，究竟誰會成為他們之中的人氣王呢？因便當而結下的姻緣，究竟會不會走到最後呢？為了再度提高成員們之間好感度，幾經曲折下確定的Couple們，無不盡心盡力的。成鍾愉快地和L同進午餐，為了能更親近些，L十分積極並且還親切地餵成鍾吃東西，甚至還幫成鍾把嘴邊的米粒細心地揀起，最後L拿起攝影機拍攝，要親自記錄下成鍾吃飯的樣子。專業度100%的L還說：「之後經過後期制作時，還會加入特效與漂亮的字幕及好聽的背景音樂哦。」，這樣貼心的L在成鍾的心中應該加滿分了吧！L也表示成為同伴後，覺得成鍾真的很可愛！

另外一對 Couple 氣氛則非常微妙，默默吃著便當的二人開始聊家常，聖圭問 HOYA：「為什麼會選擇我呢？」，HOYA 回答：「因為對 3 號感到好奇，不知怎麼的就被吸引了」。說完兩人都不自覺地因為害羞而笑場了。還有一對貌合神離的 Couple，1 號優鉉說：「是因為外翻的下嘴唇選擇 4 號東雨」，4 號東雨聽了反而對 1 號優鉉的好感度大大的降低，於是 Heart 王子南優鉉卯足了勁的釋出善意想彌補，使出撒嬌攻勢及甜言蜜語，殊不知過度的積極卻讓東雨感到很有負擔，肉麻的程度更是難以承受。這時，東雨開始關心起一個人吃著午餐的 5 號成烈了。

接著再一次提高成員們之間好感度的機會來臨了——「餐後遊戲」，遊戲內容是互擠氣球、跳繩、以及從麵粉中找出糖果後含在嘴裡吹口哨。因為單獨一人無法進行遊戲，落單的成烈拉來了經紀人哥哥，讓他當起 8 號無限偶像，一同進行遊戲，還宣言會讓 5 號成烈成為第一。

在遊戲進行當中，雖然被面粉沾滿全臉，但仍可以含著糖果吹口哨的 HOYA，功力果然了得，理所當然取得第一勝。而成鍾隊卻卡在雙人跳繩這個難關，就算再怎麼努力還是無法成功過關，在一旁著急的 L 都崩潰得蹲在地上大喊大叫了！和東

雨與優鉉對抗的是成烈和8號經紀人，雖然經紀人承諾要讓成烈拿到第一，但心有餘而力不足的8號經紀人似乎是無法達成承諾了。Game over！最後是東雨與優鉉這隊獲勝，並獲得製作單位準備的特別優勝禮物「美術館約會、咖啡約會券各兩張」，東雨和優鉉選擇了去咖啡約會，還剩下一張美術館約會券他們決定讓出。1號優鉉擁有選擇權，由他決定將美術館約會券給哪兩位成員使用，優鉉選擇了聖圭和成鍾，而一點都不想跟聖圭約會的成鍾，除了錯愕也只能尷尬地跟著聖圭出發了。

留下來的HOYA、成烈、L三個人悠閒地在房間裡吃著零食，還說著這樣吃著零食，不出去約會也很好啊！L這時提議：「我們現在來聊點八卦好嗎？你們覺得1號優鉉如何？」，八卦內容當然是出去約會的Couple們，HOYA說總覺得1號優鉉話好像有點多，雖然這不是什麼不好的事。但華麗的言語說服力，簡直就像是職業的老千，成烈聽了馬上附議：「嗯！真的是這樣，沒錯！」。而正在約會中的1號優鉉也正對4號東雨展開華麗的肉麻語言攻勢，讓東雨直喊著肉麻到快讓人瘋掉。而在房間裡的成烈，繼續著八卦話題，卻忘記坐在身旁的L是2號了，順勢說著：「那覺得2號如何呢？」準備要講2號的八卦。而L則默默地回答：「2號在這裡呢！」，沒注意到的成烈一驚，笑笑地立刻轉移話題：「那就說說3號吧！」而身為3號夥伴的HOYA竟然毫不猶豫的說：「3號眼睛很小，並長得像鼴鼠一樣。」在場的兩人立即應聲附和。這時候正在逛美術館的聖圭跟忙內，發現館內擺放著一架三角彈琴，於是聖圭提議讓成鍾彈奏一曲，由於是跟3號聖圭一起約會，成鍾緊張過度而彈的七零八落，接下來換聖圭彈奏，不止演奏實力具有專業水準以外，自彈自唱的時候更顯露出超凡的魅力！

結束約會後，所有人又再度聚集在一起，為了評價最終的好感度，每個人用十顆檸檬糖來決定，成員們輪流將糖果放入代表各個成員的玻璃杯中，最後得到最多糖果的就是人氣王！1號優鉉一心一意想著的4號東雨，認為1號是多情的花花公子，所以對1號沒有太大的好感；心理只想著7號成鍾的2號L，最後的一片丹心是否能持續？嘴上說想著6號HOYA的3號聖圭，卻也想趁機向7號成鍾努力地示好拉票，最難掌握的應該是落單的5號成烈，他會將糖果給誰，還真難以預料！

投完票後優鉉突然說：「雖然我應該不會再得第1名，但我也保證3號聖圭絕對不會拿到第1，如果萬一聖圭拿到第1名，那麼下次拍攝時，我就脫上衣。」這時大家則起鬨要優鉉承諾並外加請所有工作人員聚餐。接著，HOYA的第1名宣言，雖然知道不太有可能但還是虛心的表示，自己如果拿第1名就要請大家吃排骨。成鍾則被六位無賴的哥哥鬧著，要是拿到第1名就要製作INFINITE的運動隊服，由於一開始就被網友們票選為人氣的最後一名，心裡當然也夢想著能夠反敗為勝得到第1名，所以就像上勾似地爽快同意了哥哥們的提議！

好感度最終投票結果揭曉，由於哥哥們默契般愛護忙內的心，成鍾最終以34顆糖獲得第1名；L是10顆糖排列第2；東雨第3名得到7顆糖；HOYA第4名得到6顆糖；優鉉跟成烈都得到5顆糖所以是共同享有第5名，最後一名的聖圭只拿到4顆糖果，雖然感到失落及不解，但也只能接受了！競賽結果激發出了他們的勝負慾，隨著各個主題的發展，挑戰之心也越來越強烈，每個人都誓言要拿下第一。下一個主題是：頭腦王，究竟INFINITE成員中誰最聰明？誰的思考邏輯最清楚？誰的分析能力與說服力最強呢!?

◆序列王第二個主題：頭腦王（INFINITE 序列王 EP3 ～ EP5）

如漫畫男主角般帥氣登場的 INFINITE 成員們，身著酷似警官探員的服裝登場集合。成員們根據服裝打扮推測這次的序列王主題，聖圭說穿這樣像是要打架，成鍾說像警服，莫非是「警衛」？「保鏢」？東雨還自信滿滿地說：「支（後）援王」。但成員們都猜錯了，原來今天比賽的主題是「頭腦王」。首先公布由粉絲決定的「事前排行順序」，成員們聽見又有排名了，紛紛抱怨著說：「不要這樣嘛～」，但又很好奇成員們的排名到底為何，急著跟成員比較且預測著自己的排名。

隨即，L被宣布是「事前排行順序」的最後一名後，其他成員們瞬間彷彿是在參加慶祝大會般地手舞足蹈，並且開心叫好，尤其是L的麻吉成烈更是樂不可支。對著無法面對事實、精神快崩潰的L，成烈也喊話：「哎呦！我們『門面擔當』L的形象可怎麼辦啊！」但其他人仍持續幸災樂禍地熱烈鼓掌，聖圭更直接稱呼L為「傻瓜」，L無言以對也只能乾笑了。每次製作單位公布「事前排行順序」的名次時，當知道「第七名不是我」的一剎那，其他成員們就會露出幸災樂禍的樣子，不管成員們之間的勝負心如何。總之，拿到第1名的人都會非常開心，而最後1名的人都會有些落寞！面對無法相信的事實，精神崩潰的L難以接受預想順位，甚至不知不覺地自問自答：「是因為剪短了頭髮嗎？」還想要逃離拍攝現場。而隨著順位的發

表，L也難得地提高了分貝要求工作人員說明他成為最後一名的原因。原來，在接受「事前排行順序」的網友們在投票同時，主辦單為也放上了Mnet以前播過的一些短片剪輯，短片中L展現了與外貌不同的傻里傻氣行為，網友們應該是照著以前播放時的印象給予評分的。而不時展露小聰明的成烈，則被選為「事前排行順序」的第1名，成烈本人似乎也感到有些驚訝，原本還預想自己應該會在中間左右的名次。最終粉絲事前的「頭腦王」票選排行順序如：預想第1名成烈；預想第2名東雨；預想第3名聖圭；預想第4名HOYA；預想第5名優鉉；預想第6名成鍾；預想第7名L。

頭腦王選擇Rule（規則）：

①在四個樓層的博物館中，藏有七個水槍和二十一個顏料彈夾。

②發給每個人的圓筒裡都有博物館每個樓層的平面圖（藏有七個水槍和二十一個顏料彈夾的地點標示）與對應的消滅目標。

③在看完博物館的平面圖後，找到水槍和顏料彈夾，將其準確地噴射對應的消滅目標身上的靶（目標可以將靶貼在身上的任何部位）。

④使消滅目標OUT，留到最後一位的將成為序列王的「頭腦王」。這場令人緊張到窒息的混戰中誕生的序列王將是誰呢？

比賽開始，成員們分散在博物館各處，各自在安全的所在地將分配給自己的圓筒打開查看。成員們相對的消滅目標分別為：成烈的目標是成鍾；成鍾的目標是優鉉；優鉉的目標是聖圭；聖圭的目標是東雨；東雨的目標是 HOYA；HOYA 的目標是 L；而 L 的目標即為成烈。

在賽前擁有無限自信感的 Leader 聖圭，卻在遊戲才開始不到十分鐘，竟然把自己像獵物般主動地送到優鉉面前，連槍彈都還沒找到就被優鉉 K.O. 了（Knock Out 的縮寫）。所以聖圭當下必須卸除武器，並留在優鉉身邊當奴隸，聖圭兩次都是事前預想第 3 名，但沒想到……竟然都拿到最後一名。一直錯過武器位置的 HOYA 只找到顏料彈夾，而預想第 1 名的成烈，似乎看不懂地圖，花腦筋理解後的他，竟然是跑進女廁找水槍和顏料彈夾!?這裡應該不是地圖上標示的地點吧!?

今天好像是東雨的 LUCK DAY！雖然很拼命，但運氣也很好，所以找到了很多水槍和顏料彈夾，連身上的口袋都快放不下了，自己也感到很驚訝，真的非常厲害！覺得看著地圖找反而更混亂的成烈改採取被動策略，就是「一直躲著、不輕易攻擊」，除非目標出現在附近，既能禦敵還能邊找顏料彈夾，果然是聰明的預想第 1 名。隨著 HOYA 的靠近急速避開位置的 L，還自信的說：「我的朋友不是那種會除掉我的人」，並覺得自己找到的是最棒的武器。但是就在幾分鐘後……被悄悄跟

在後面追趕的 HOYA 攻擊了，雖然躲過第一次攻擊，但是腳程飛快的 HOYA 隨即再一次並精準地攻擊，「繼聖圭之後的第二個淘汰者L！」當然L瞬間也成了 HOYA 的奴隸了。本來還想爭取一下機會的L說：「沒有復活的機會嗎？」雖然很可惜，但L的追擊戰要停止了，事前被粉絲預想為最後一名已經夠傷心了，現在還落寞地死掉，L不知不覺直嘆氣著。找到武器正向著目標 HOYA 靠近的東雨，終於發現了 HOYA，把目標L消滅掉的 HOYA，正與L簽訂奴隸協議中。

成員間默默地實行「狼來了」的心理大戰，狼1號東雨騙 HOYA 說：「自己要消滅的目標是聖圭」，而被東雨的謊言所欺騙的 HOYA 向東雨提議結盟，東雨趁 HOYA 失去戒心後消滅了他：「其實我要消除的對象是你！」就順勢地射擊 HOYA 身上的靶，下一個瞬間，HOYA OUT，為第三個成為奴隸的成員！東雨開心地直踏著腳，跟著東雨高興的L和錯愕的 HOYA，明明前幾分鐘才除掉目標L的 HOYA，現在也 OUT 了。於是，倒數三名的排名出現：聖圭、L、HOYA，其他四個人繼續尋找自己要消滅的目標，接著東雨、L、HOYA 三人商議起假象「同盟」的約定。

成鍾發現了自己的目標優鉉，但成鍾拔槍卻沒射中目標，硬說是在試射擊，反而被優鉉笑說他是笨蛋。後來成鍾跟優鉉、聖圭玩起心理戰，沒想到優鉉告訴成鍾：「我的目標是成烈，看見成烈了嗎？」果然，小羊又上當了！不負眾望的隊長，與狼2號優鉉狼狽為奸，催促成鍾告知要消滅的目標是誰?結果，成鍾沒有收獲反而洩了底，就變成了「帶著鈴鐺的貓」。雖然目標就在眼前，但也只能果斷撤退。和聖圭一起作戰的優鉉為了消滅下一個目標「東雨」游說著聖圭：「哥!捉住東雨的胳膊!」聖圭：「接著呢?」，優鉉：「擰住胳膊拿下武器。」，聖圭：「那麼給我的好處是什麼?」為了提高聖圭參與的意願，優鉉說出欺騙性的宣言：「跟我合作的話，哥的曝光率就可以繼續啦!」聖圭：「曝光率可以增多嗎?」優鉉：「我還沒OUT，所以哥如果一直跟我在一起，曝光率當然會多出來很多啊!」聖圭：「是嗎?」看到聖圭為了提高曝光率，而顯得意願高漲時，優鉉趁虛而入說：「因為要讓父母高興嘛!」聖圭：「我媽媽?」，想著父母心情的聖圭，為了提高曝光率也跟著移動：「我是奴隸嗎?」優鉉：「不是奴隸!」聖圭：「那是什麼?」為了討好聖圭，優鉉再度使出甜蜜的謊言誘惑：「我們一起凝聚力量的話，不知道有多強呢，要給他們看看!」像命運般，果然在聖圭的協助下，找到了被東雨丟棄的武器，聖圭還真是個優秀的奴隸呀!

另一方面，策劃出新作戰方案的三個人，東雨、L、HOYA他們的同盟會平安無事嗎?「成為被消滅的人」憤怒感飆升的L和HOYA，不一會兒就決定要背叛東雨而逃跑了，進入樹立新作戰的L和HOYA同盟，決定擾亂大家，各自拿著槍彈亂射擊一陣後就逃跑。東雨難得一見的智慧，冷靜的決定先思考，不能輕易相信對方

說的目標是誰，分析著「追擊鍊」：東雨↓HOYA↓L↓成烈，反覆思考後認為自己的目標應該聖圭跟優鉉其中之一，整理出最後結論：「整理好了，那麼就剩下優鉉啦！」，得到悟性的預想第2名，大腦啟動的效果竟是錯誤的追擊目標。充滿憤怒的HOYA正在填充顏料彈夾：「我決定攻擊的目標不只一個人，而是六個人全部！」冷靜的進入現實分析的L頭腦完全啟動並且分析著：「首先，聖圭跟優鉉一直在一起應該是一組的，成鍾可能還在不知所措，成烈肯定是誰都不相信，一個人到處晃，所以我呢！首先我要依靠成鍾。」L雖然在今天的比賽結果獲得第六名，但他卻很會分析成員們的行動！L在被淘汰後開始清醒，清楚地分析出清除掉聖圭後的優鉉目標是東雨，清除掉HOYA的東雨目標是成烈，成烈要追擊成鍾。雖然L無法確定成鍾是否還生存著，心想著成鍾或許已經OUT了，而成鍾要追擊的目標應該是聖圭或是優鉉，而聖圭已經OUT了。想看生存者們混戰的L，心想著這四個人如果聚在一起感覺會很有意思，優鉉、東雨、成烈、成鍾。L的情報實力真的是一等一，INFINITE的追擊戰況，盡在L的掌握中嗎？

終於，HOYA與L遇上成鍾，二話不說就對成鍾展開追擊，當成鍾與L在對峙時，誰也不敢相信，選擇靜待的成烈發現了他的消滅目標成鍾正被追擊著，他也立刻加入消滅行動，被突襲攻擊而陷入困境的成鍾，由於L阻擋了成烈對成鍾的攻擊，所以成鍾安全地逃脫了，但他的武器卻被L搶走了，真是雪上加霜！不一會兒成烈終於也找到手槍，同時間優鉉正對著聖圭在進行操練（操控），這二個人從開始就一直黏在一塊兒，所以也搞不清楚有誰已經被淘汰了。另一邊，全力公開自己位置的東雨，讓在同一層樓的成鍾聽到他的聲音後暗中接近，警覺心 100% 的東雨也發現了成鍾，成鍾：「哥的目標不是我吧？」，接著忙內成鍾開始很納悶地抱怨，為什麼大家都要攻擊他，東雨回他說：「因為你是忙內……」成鍾驚呼說：「這太不像話了吧！那為什麼大家都愛吐嘈聖圭，因為他是隊長嗎？」

臨時聯合一起到三樓的成鍾和東雨，與忠誠地守護在三樓的優鉉和聖圭奴隸，率先 OUT 的聖圭加上完全無法掌握狀況的優鉉；邁著小心翼翼步伐的東雨與成鍾，形成一觸即發的狀況，面對面的瞬間逐漸逼近。首先發現聖圭即果斷前進的成鍾，察覺到異常動靜的主人優鉉和聖圭奴隸，互相掌握彼此位置，已經被優鉉操練得很好的聖圭試著向成鍾打探消息，面對優鉉跟聖圭的祕密同盟，對此渾然不覺的成鍾，無條件地相信「圭演員」，乖乖地交待自己的目標是優鉉，洩了底卻只獲得沒有用的情報。後來隨著優鉉的靠近，被L奪去武器的成鍾也只能快速逃離現場。

在這段期間，頭腦王預想第1名的成烈，正躲藏起來推測著「追擊鍊」，想了半天還是百思不得其解地嘆氣：「哎呀！頭怎麼會那麼疼啊！」脾氣快要爆發的初丁成烈，頭腦王到底是啥!?早在遇到聖圭就先行逃離的東雨又再度與成鍾相遇，東

雨向成鍾展示他所推理出的每個人的目標，完整版的 INFINITE 追擊鍊，東雨真的蠻聰明的，但卻有一個解不開的問題，和目標優鉉形影不離的聖圭究竟是誰的目標？存活著？還是 OUT？就在這時候，INFINITE 的追擊鍊 OPEN！原來他們所在的地方是「藏著提示的影像館」善良的人就是有福氣啊！

INFINITE 相對應的消滅目標，追擊鏈：優鉉↓聖圭↓東雨↓HOYA↓L↓成烈↓成鍾↓優鉉。大家都在三樓集合了，在圖書館中躲藏著的成烈也決定走出來，這是送給天才東雨除去成烈的好機會，但其實這裡卻也是敵陣的巢穴。這時，東雨試圖向電梯裡藏身的成烈準確地射擊，成烈被東雨 K.O.，第四位 OUT！但隨後東雨也被優鉉 K.O.了，多虧了 HOYA 幫忙使了個眼色，讓他成功地攻擊東雨，東雨為第五位 OUT！最後只剩下成鍾和優鉉兩個人了，忙內覺得哥哥們都要攻擊他，所以他也決定來個無差別攻擊法！就是對成烈及工作人員亂射。

為了捉到襲擊目標，優鉉重新擬訂作戰計劃，果然就在優鉉的名品演技後的奇襲攻擊，成鍾為第六位 OUT！把真正的靶子隱藏起來的優鉉，用毫無破綻的作戰成為 INFINITE 的頭腦王！比賽終了。由於聖圭每次都是最後一名，所以成鍾建議把他的人型立牌做小一點，要不然放不上序列架。

我愛 INFINITE

最終結果「頭腦王」排名：第1名優鉉；第2名成鍾；第3名東雨；第4名成烈；第5名HOYA；第6名L；第7名聖圭。經過這次的比賽讓我們深深了解，擁有絕佳口才、說服力及完美演技的優鉉，退休後應該可以當個優秀的「談判專家」。

◆序列王第三個主題：體能王（INFINITE 序列王 EP5）

從上一個主題來看，我們就不難發現，優鉉的主持慾真的很強烈，成烈則總是很愛吐嘈其他成員。今天也絲毫不變的以能力有限的資助開始，第一集「人氣王」中，成鍾承諾如果拿到第一名就要為成員們訂做 INFINITE 的運動隊服，所以這集大家身上所穿的就是成鍾送的T恤。而因為連續二個主題都是最後一名，被粉絲暱稱為K-POP 史上最虛弱的偶像隊長——聖圭，如果這次又是最後一名，他就要被叫「墊底圭」啦！壓力真的很大，迫於無奈只好答應了。粉絲事前的「體能王」票選排行的順序如：預想第1名 HOYA；預想第2名優鉉；預想第3名東雨；預想第4名成烈；預想第5名L；預想第6名成鍾；預想第7名聖圭。

本次「體能王」主題為：INFINITE 體能王的奧林匹克。體能王的第一個競賽項目：「夾豆子（集中力測試）」，夾豆子是一項需要敏捷的手法和瞬間爆發力及高度集中力的比賽。我們的墊底圭氣場感覺真的不一樣了，比賽開始前就非常地認真練習，似乎看到他的鬥志了，這位選手本來不做練習之類的活動，看來聖圭真的是很想贏啊！沒錯！這才是年輕人的野心，向著第一名燃燒意志的墊底圭，MC劉明相注目的對象是：「我想集中關注L君，勝負心強又執著，也許是今天的隱藏英雄」，正在練習中的L立刻向他投以認證（認同他說法）的眼神。

勝負關鍵：60秒之間豆子夾得最多的選手獲得金牌。其中有比想像中還要不協調的手法，也有迅速並正確的發揮筷子夾功。比賽終了時出現現場告發「成鍾檢舉聖圭試圖違規」聖圭被發現偷拿成鍾的一顆豆子，所以被判定「失去資格」OUT。於是大家都不想相信聖圭了，就連L都趕緊躲到成烈旁邊，心裡很不是滋味的聖圭只好撂狠話：「今天我要大爆發，把你們都弄得很慘烈」，Couple好朋友優鉉則對聖圭說「拜託！哥只要不作弊就好了！」而最終由今天發揮了有如神助的筷子夾功的優鉉獲勝！

夾豆子的最終成績：第1名優鉉（35顆）；第2名成鍾（29顆）；第3名成烈（28）顆；第4名L（24顆）；第5名東雨（21顆）；第6名HOYA（18顆）。

第二個競賽項目：「眼神對決（忍耐力測試）」，「眼神對決」是一項能夠確認超乎人的忍耐力和眼球肌肉的競技，這個單元應該最搞笑也最逗趣！眼神對決規則：競技以兩人一組的一對一的聯賽形式進行，由於優鉉在夾豆子比賽贏得冠軍，所以首輪直接進級。第一階段的對決為：先眨眼睛的人就會被淘汰，在30秒後可以開始非接觸性的妨礙攻擊。眼神對決Start！

預賽第1輪：L（執著者）VS 東雨（天才 or 傻瓜），東雨的表情真的超逗趣，東雨的特色是「慵懶的眼神攻擊」，老練地接收下東雨眼神的L，接著對應因眼球肌肉過多使用便自動咧開嘴的東雨，L想變更策略，改使用更強烈的眼神對抗，但是卻眨眼睛了，所以第一位優勝者是東雨。

預賽第2輪：HOYA（火花男子）VS 聖圭（IDOL 界瞇瞇眼），會是眼神對決專用眼球的聖圭贏呢？還是著火的勝負師 HOYA 獲勝呢？而明明是 HOYA VS 聖圭，優鉉卻一直站在的兩人中間傻笑，也太搶鏡頭了吧！兩人都努力地盯著對方，但是聖圭又被 HOYA 告發了：「眨眼睛了！」，雖然已經眼淚汪汪了，但聖圭還是想否認：「沒有！」，雖然竭盡全力撐到最後，只可惜聖圭的眼皮太柔弱了，第二位優勝者是 HOYA。

預賽第3輪：成鍾（大眼睛）VS 成烈（勝者初丁），這場是被預想為最有趣的競技，一開始雙方都是採取「無表情策略」，後來成烈為了想贏得勝利就開始搞笑了，使出渾身解數展示 Magic Eye，不想輸給成烈的成鍾也展現眼球駕馭術。接下來成烈的攻擊1：擠弄皺紋扮鬼臉的牙齦王子；攻擊2：初丁王子的怪表情微笑；攻擊3：翻白眼及放大鼻孔，還差點因翻白眼而閉眼睛；攻擊4：生氣的貓頭鷹表情，連L都驚呼：「大發！」，儘管成烈連續的攻擊，但成鍾眼睛連眨都不眨一下。眼睛漸漸變紅的成烈已經達到了極限，想再轉換攻勢時……「啊！」驚呼之際掉了一滴眼淚不經意眨眼了，所以第三位優勝者是成鍾。

接下來進入準決賽第1輪：HOYA（火花男子）VS東雨（天才or傻瓜），面對東雨的微笑，回以蔑視的HOYA，過了10秒後妨礙攻擊開始，使用嘴巴吹氣攻擊，使得東雨完全閉上眼睛，HOYA進入總決賽。

準決賽第2輪：成鍾（大眼睛）VS優鉉（不戰而勝的好漢），優鉉立即展開攻擊，即使面對高級技術也絲毫不動的成鍾，才開始5秒就讓優鉉感覺遇到危機，連想攻擊都是奢侈的想法，優鉉的眼睛已到了極度火辣辣的境界，頑強守護男人自尊心的淚眼優鉉，真的很辛苦啊！終於，優鉉的眼淚讓成鍾進入總決賽。總決賽：HOYA（火花男子）VS成鍾（大眼睛），忍耐王第1位會是誰呢？戰況陷入膠著狀態，雙方實力都太強了，使盡各式攻擊方式仍分不出勝負，時間終了，所以最後由成鍾和HOYA共同拿到金牌。

第三個競賽項目：吸管吸入（肺活量測試）。吸入最多飲料的人可獲得金牌，才剛開始比賽就以驚人的速度喝著飲料的HOYA，總覺得他吸也太快了吧！然後成烈就想到躺著吸會不會吸得比較多，結果飲料卻倒出來流滿全臉反而拖累自己。反

觀L在吸飲料時的畫面多麼自然優雅啊。而終於在此項目才展現驚人實力的聖圭獲得金牌，果然不虧是主唱，肺活量驚人。體能王的中間統計順位，獲得金牌的有：聖圭、優鉉、HOYA、成鍾。

第四個競賽項目：疊疊樂（抽磚塊：瞬間集中力測試）。是能確認是否同時擁有高度集中力、快速的手法、縝密的計算能力的技能。此項目分成二隊：成鍾隊（成鍾、優鉉、HOYA）；聖圭隊（聖圭、成烈、東雨、L）。在此由隊長選擇的隊員，之後會進行「自隊對決」，也就是說，獲勝的隊伍之後要進行隊內的各自對決，聖圭說他要選看起來好欺負的人，所以他選的都對自己個人有利的隊友。比賽進行中，初丁成烈的表現雖然有點瘋顛，居然是用拍打的方式將積木打落，還好沒讓積木全倒下。聖圭還在考慮要拿掉哪一個，成烈卻突然使出飛踢，不小心碰到積木，而碰到就一定要拿掉，在半推半就之下，東雨居然直接豁出去，迅速地抽掉，驚險地過關。而在緊張的氣氛中，忙內小心翼翼地再度安全抽掉一個積木，危急的情況再度轉回聖圭隊。在成員都不看好的情況下，聖圭果然讓積木全倒了，所以聖圭隊淘汰！成鍾、優鉉、HOYA 在這個項目保住獎牌。緊接著優獲隊伍進行隊內成員競賽，爭奪金、銀、銅牌。最後在輪到優鉉抽積木時失敗了，獲得銅牌。接下來由對於攻擊沒有絲毫猶豫的成鍾與步步為營的 HOYA 對決，最後由 HOYA 取得勝利。

第五個競賽項目：罰球對決（空間直覺能力測試），於一百秒內，按分數高低決定金、銀、銅牌。成烈說自己：「小時候是ACE（小朋友籃球隊），隱約記得好像是六、七歲的時候」，旁邊的成則鍾說：「自出生後二十年的人生第一次挑戰籃球。」，讓人驚訝成鍾怎麼可能沒玩過!?遊戲結束的罰球對決成績（每人投進的球數）：第1名HOYA（14球）；第2名優鉉（12球）；第3名成烈（11球）；第4名東雨（8球）；第5名聖圭（5球）；第6名L（4球）；第7名成鍾（0球）。

最後一個競賽項目：算數賽跑（均衡感官測試）。是均衡感官與頭腦快速運轉可以同時確認的競技，這個項目的優勝者可以獲得三面金牌，有如黃金般珍貴的逆轉機會，紛紛燃燒起大家的勝負欲，絕對不能錯過的大好機會！而遇到數學題就很High的L，他的頭腦運轉相當卓越，算數天才L華麗的正確解答，完全發光的視覺系L，L對數學真的很有自信。他的名言曾說：「不管起跑得多晚，只要解開問題的人就是第一名」。當然最終勝利者是L，拿了最終項目的第一名，L開心得與成烈互相擁抱。體能王的結果出爐了，綜合順位：第1名HOYA（3金1銀0銅）；第2名L（3金0銀1銅）；第3名成鍾（1金3銀0銅）；第4名優鉉（1金1銀2銅）；第5名聖圭（1金0銀1銅）；第6名成烈（0金0銀2銅）；第7名東雨（0金0銀0銅）。

INFINITE體能王最終優勝者，那光榮的金牌得主是HOYA，銀牌得主L，靠著最後一個項目逆轉勝，而獲得銅牌的成鍾則是靠喝飲料、疊疊樂等靜態項目得到好成績。反觀東雨這次的體力似乎有點不足，至於聖圭呢？他說：「不喜歡拿到中間的名次，不上不下的，但也沒自信拿到第1名」，所以大家叫他「墊底圭」，還蠻恰當的！

◆序列王第四個主題：知識王（INFINITE 序列王 EP6）

以學生校服登場，必備的帥氣外貌以及無法隱藏的可愛及魅力相互結合，化身序列高中令人驕傲的七名美男子。本次的主題是「知識王」，按照慣例，每個主題都會由歌迷選出「事前排行順序」，此次製作單位先不向成員公布主題，先公布排名，大家便依衣著紛紛猜想著主題。本次聖圭終於榮登預想的第一名，便開始自己推論起主題，弟弟們紛紛打斷他、邊毒舌相向吐嘈他，逼得他一一大聲抗議想讓吐嘈他的成員退縮住嘴。最後推論說：「因為穿著校服，所以要謹慎一點，我猜想的主題是知識王。」一旁的HOYA提出異議：「如果是知識王的話，應該是另有其人吧？」聖圭反駁著說：「幹嘛這樣，七個人並排站在這裡，一看就知道誰是知識王，除了我還能有誰？」優鉉說：「不是有L嗎？」聖圭轉頭將臉撇向L打量著，心想（長得又帥、腦子又好的小子！）「算了！總之今天的主題應該就是知識王。」

正如聖圭所猜想的，主題就是知識王沒錯。東雨則好奇的提問：「頭腦王和知識王有什麼區別呢？」整理擔當的達人HOYA說：「頭腦是天生的，知識是後天努力的結果！」成烈一聽到後天的努力，便歡呼著：「是該我發光的時候了！」那預想排行第2名是誰呢？當優鉉被宣布為第2名時，大家也無法接受，紛紛抱怨。第3名的L則滿足地接受；天才與笨蛋僅一線之隔的東雨為第4名；第5名是

HOYA。當剩下第6、7名還沒發表時，自信滿滿的成烈不禁失落地跪坐在地，忙內成鍾則認命地走向前說：「請將第7名的牌子給我吧！」似乎有點失落，成鍾雖然每次都是預想排名的後段班，但他都非常努力地不讓自己拿倒數。順位就只是順位，千萬不能氣餒啊！雖然認命，但仍祈禱不要是第7名的成鍾，當被宣布命中最後一名時，也只好欣然接受了。聖圭急忙像安慰似地說：「成鍾的年紀比我小嘛！所以可能會覺得你的知識不夠。」正當大家都紛紛認同聖圭的解釋時，聖圭一個反轉：「不過那也有可能是真的。」讓大家都無言了，真是給了弟弟藥、又讓他得病的搗蛋鬼。總結的「知識王」粉絲事前排行順序：第1名聖圭；第2名優鉉；第3名L；第4名東雨；第5名HOYA；第6名成烈；第7名成鍾。

此場比賽分為上半場和下半場，展開了INFINITE序列王知識問答秀，現在才是要真正動頭腦的時候了！藏在INFINITE中真正的「知識王」到底是誰呢？而以多種領域的一般常識問題的知識王對決開始了。當INFINITE遇到危機問題時，可進入主辦單位提供的救援提示小隔間，提示小隔間為：「在限時一分鐘內，可以選擇電話求助、網路搜索、影像提示、百科辭典、歌迷提示等。從五個隔間中選一個，並從中找答案，雖然有答案提示，但其實還是要靠銳利的觀察力才能找到。上半場Quiz Show智力競賽，前半場由優鉉、成烈並列第一，INFINITE Quiz Show上半場順位為：共同第1名優鉉、成烈（答對12題）；共同第3名聖圭、HOYA、東雨（答對10題）；

第6名L（答對9題）；第7名成鍾（答對5題）。

下半場 Quiz Show 的進行方式，Quiz 是在大型的板子上（類似大富翁的大型面板），INFINITE 成員們一邊在面版邊緣的格子上行進，一邊進行 Quiz Game，聽到問題後知道答案的人就按下放在桌上的正解按鈕，率先說出答案的人就可以移動一格，Quiz 板上有六個地方分別有福利和懲罰。大型板子上的出發地點，是根據上半場的等級而決定的。而下半場到後來不知道為什麼，優鉉變得有點自暴自棄，拿到最後一名。

INFINITE Quiz Show 的最終排名結果，反轉了一開始的預想排名。結果如下：

第1名成烈（上升5名），從節目一開始就很有自信說：「是該我發光的時候了！」沒想到他竟然真的拿到第1名了，雖然「追擊者」的英文拼錯還是笑得很開心，這時發覺他才是 INFINIET 的隱藏頭腦，在上半場中，成烈沒看提示也能答對「章魚有幾顆心臟？」，正確答案是「三個——章魚有一顆普通的心臟、鰓心、還有內臟心臟。」當 MC 問：「成烈是怎麼知道答案的？」像個小學生般還舉手回答的成烈說：「小時候和爸爸一起看電視的時候出現過這題。」MC 特別誇獎他：「喔~了解，原來是看了很有益的節目啊！」讓成烈得意的咧！在下半場如火如荼地持續進行當中，得到第二次的位置支配權，繼聖圭之後再一次顛覆了知識王的位置版圖，雖然

後來因為答案「黑洞」而不慎前進到黑洞格暫停一回，最後因為答對音感問題而勝出。

第2名HOYA（上升3名），他在答案板上畫的插圖很可愛，字體也寫得很整齊，就連「莫比烏斯帶」竟然也能回答得出來！之後HOYA得到去除危險人物的權力，將聖圭從就差一步即將獲勝的格子換離，靠著優勢獲勝。

第3名聖圭（下降2名），體弱的他這回才堪稱是「體能王」啊，別人答題只跑一遍，他卻連走了三遍，所以其他人都笑說他體力最好！雖然得到第一次的位置支配權時充滿優勢，但在差一格就獲勝就時候，被得到第三次位置支配權的HOYA調離位置，不過最後還是靠著智能滿點的實力獲勝。

第4名成鍾（上升3名），總是不被看好的他依然非常努力，令人看了真不捨！不過，只要遇到英文跟數學題就不會的他，卻因為比較熟悉體育問題，讓他得到第4名。

第5名東雨（下降1名），除了「추격자（追擊者）」答案寫對以外，英語能力也相當優秀。在聖圭得到位置支配權時，百般討好得到優勢，還被稱讚他一次都

沒有背叛過聖圭，忠誠之心讓他實至名歸。

第6名L（下降3名），L只有數學題才出動，不然就是一直坐著。當聖圭擁有支配權可以移動其他成員的位置時，L因為懶得移動還說了：「就讓我坐在這裡不可以嗎？」，這時鬼靈精的成烈早已先跪了下來，非常狗腿地對著聖圭說：「我無時無刻都把哥放在心上～」。不過聖圭仍將L與成烈一同調至較前面的位置，只可惜題目都不是拿手的項目，僅得到第6名。

第7名優鉉（下降5名），哎呀！我們的學生會副會長呀！上半場時表現的還蠻有實力、也很有幹勁，但從下半場開始就好像洩了氣的氣球，應該是有些累了吧！因為上一次的主題讓聖圭懷恨在心，將他從前方的優勢位置調離，連最後主持都顯得稍微有氣無力，不過優鉉還是努力地提起精神主持結尾。下一次的主題會是什麼呢？將會有比知識王更強勁的主題，展現更出乎意料面貌的 INFINITE 序列王。

◆序列王第五個主題：時尚王（INFINITE序列王 EP7 & EP8）

這次主題是尋找INFINITE中的「時尚王」，為了事前排行順序，前一天突擊宿舍的INFINITE序列王節目製作組，發現全員100%以便服時尚登場的INFINITE，只有L因為穿著太過於舒適的運動服，所以急忙換穿節目錄影用的衣服。對偶像來說，時尚感是必須的，像是近期倍受矚目的「機場時尚」。而無限魅力偶像INFINITE，究竟誰會是最佳「時尚王」？這次的「事前排行順序」排名是由成員們互相投票，以成員們平時的便服時尚，由成員們直接投票決定時尚王的預想順序！「黃色星星」代表時尚王，「黑色星星」代表時尚恐怖分子。投票前毒舌的HOYA跟東雨都說：「優鉉和聖圭都是恐怖時尚的代表」。

首先，先揭曉得到第六名的聖圭，意外的結果讓隊長圭受到衝擊。隊長聖圭的WORST FASHION是嚴重的「豹紋控」，L：「這是叫做動物類型吧！豹紋！」，成烈：「為什麼喜歡豹紋呢？」，HOYA：「聖圭總是有著過度的時尚自信感。」聖圭擁有過分的豹紋愛！他整天都愛穿著豹紋和動物紋路的服飾，成烈和L異口同聲的說：「你是人又不是動物，怎麼一直穿動物皮啊？」弟弟們毫無顧忌的評價，蒙受傷痛的Leader's Charisma（隊長個人魅力）。豹紋發燒的聖圭咆哮著：「那不是我買的，只是用了收到的禮物！」優鉉替他辯解：「聖圭的時尚知識是很豐富的，也很懂名牌，只是還沒有找到適合自己的Style而已！」

預想排名第五名，優鉉：「大家可能無法理解我的時尚吧！」優鉉的特色就是：「總是帶來衝擊和恐怖的雷人時尚。」，只能說「優鉉很有挑戰的精神」，他還燙了個很像大媽的捲捲頭。成烈曾指導優鉉搭配與穿著，結果優鉉說：「時尚就是要穿不適合自己的衣服，但仍有能力Hold住現場，讓全場只看你一個人。」另外，成鍾還展示了優鉉的「擁有驚人威力的魔法運動鞋」讓忙內成鍾瞬間增高五公分喔！

預想第四名是成烈，聖圭：「成烈真的穿得非常搭配，穿得很好，真的什麼都穿得好！呃~應該說是很會穿『同一件』衣服吧！」，同一個款式可以每天穿，穿到褪色再買同款式的衣服來穿。「別給他什麼時尚明星稱號了?成烈應該是節儉大將才對！」，就算是現在也和錄影前天穿了一樣衣服的。連L也覺得「總穿同一件衣服的成烈很好笑」，成烈除了這樣以外還是標準的「格子紋控」，不僅如此還被東雨爆料說，不管是多貴的衣服，你絕對不會知道是哪個牌子的衣服，成烈會把所有的內標都撕掉，還為了撕掉內標竟把名牌的衣服撕破洞了，但他本人解釋：「因為皮膚容易敏感，所以都會把衣服內標撕掉。」果然很酷是吧！

預想第三名HOYA，他只喜歡穿紫色的衣服，太喜歡紫色到穿著起來感覺像：「紫色天線寶寶」。而且不止衣服，連耳機、夾克、T恤、靠墊都是紫色系，只能被認證為是INFINITE的天線寶寶時尚了！

預想第二名忙內成鍾，HOT忙內，有著讓女生也深受打擊的曲線美！成烈：「成鍾最近都穿短褲，要是女生看到的話大概會有『啊～這個人的腿，線條怎麼比我的還美啊！』這樣的想法！但讓人有這種想法是不對的啦，是不顧別人感受的時尚。」HOYA則表示：「先不說穿得好穿得不好，因為能表現自己最佳特色，所以時尚感不錯。」

預想第一名是東雨，擅長混搭及華麗色彩的Fashion。東雨和成鍾算是比較了解自己的Style，懂得利用混搭或是穿著適合自己風格的服飾來展現自己優勢。

沒想到預想最後一名居然是門面擔當的L!?而問題就在於他對黑色衣服與格紋襯衫的太過執著了。而本人對於得到第7名也沒太大的反彈，面對成員們的時尚批評，L倒是蠻理直氣狀的，認為黑色才是自己最適合的，第7名是實至名歸呢。

時尚王的對決，正式開始！完整的時尚就是充滿自信感的POSE，INFINITE即場

POSE對決START！東雨率先擺了一個POSE，但卻像隻站立的恐龍，東雨的FANS還請多包涵啦！作品名「勇敢的序列第1名東雨」。因為「南操練師」的推薦，運動員HOYA的踢腿POSE，作品名「跆拳道三段水準的大腿」。優鉉擺出自己認為時尚的基本POSE，優鉉常說自己雖然身高較矮，但在出道前曾過當模特兒！作品名「IDOL POSE A TO Z」。L也當過賣場的模特兒，但那個商場已經倒閉了，POSE富翁的L被其他成員羅列出「禁止POSE」後要求他擺新POSE。

禁止POSE 1.舉手敬禮；禁止POSE 2.不能抓襯衫衣領；禁止POSE 3.手背KISS；禁止POSE 4.手不能插口袋、不要碰嘴唇、不要抬起肩膀。這時變本加厲的HOYA還說了，禁止POSE 5.不能有「噓」的動作。於是L改變路線以「無POSE就是答案，雖然很簡單，但很帥氣」，L因為被其他成員指定不能做的動作太多了，所以他只能邊走秀邊用腿擺出角度，但最終還是被大家取笑那是剛出道的站姿，作品名「L的時尚就是角度」。

身高擔當成烈的POSE如何呢？成烈個子高，所以決定利用自己的身高做了一個「Michael Jackson-Billie Jean」的舞蹈POSE，讓大家為之驚豔。作品名「加油的後退度」，這時成烈又擺了個WAVE POSE，卻讓其他成員們感到丟臉，說他搞砸了角色，全員都笑翻了。成烈還說：「什麼搞砸了，你們不懂藝術啦！」這時家暴事

件發生了，成烈突然抓住L猛K，邊碎念著剛剛他聽到L的細語。接著L求饒地大喊著：「很痛，不要再打了！」。原來L剛剛細語對成烈說：「藝術什麼的就是要扭曲才對味啊！」引起大家一陣狂笑！

自我公認為 INFINITE 的 POSE 達人．聖圭，竟然擺出「恍惚爆發的聖圭眼神」，作品名「活靈活現的眼神演技」。最後，INFINITE 的維他命「檸檬糖」成鍾，光看臉就很可愛，以清爽的休閒時尚讓期待感UP，忙內突發其想的 SMILE 發射，讓攝影棚瞬間焦土化（氣氛僵化）。在忙內牽強的微笑之下，紛紛笑倒成一片的哥哥們，那場景實在是太搞笑了！作品名「SMILE 少年的奇襲」。最後在大家一同 SMILE 的 POSE 下，結束了預想排名的發表。

INFINITE 的時尚達人徹底驗證開始！終於到拍攝畫報（拍攝海報、廣告、電影等的意思）的時候，也就是《1st Look Korea》雜誌裡出現的那組畫報的拍攝過程。以 COOL GUY CONCEPT 讓我們了解到 INFINITE 是最棒的時尚達人！這次的主題是「Denim Look（牛仔風）」！換裝順序是依年紀大小排列：聖圭、東雨、優鉉、HOYA、成烈、L、成鍾。

Leader 圭說要需要 SOUL（靈感），照片得要有感情！冷酷的隊長預計要投入滿

滿的SOUL，以光的速度著裝準備完畢！關心聖圭的優鉉說：「這件藍色上衣是大海的顏色『COOL GUY』等於『海的王子』，但聖圭不會游泳所以不適合！」南式幽默好像有些冷，東雨看到聖圭把上衣扣子扣的老老實實，感覺很鬱悶，要聖圭解開扣子，但聖圭不肯，於是東雨就伸出手解開說：「我覺得解開了比較好看。」但話說回來這就不是聖圭風格了。

當東雨換裝完後，造型室突然傳出了怒吼似的喊叫：「天啊！這我怎麼消化啊～」連他自己都覺得很Shock，著急地說著無法消化服裝。原來東雨的服裝是龐克背心加超大尺寸的牛仔吊帶褲，過大的尺寸，該怎麼表現呢？還真的是一大難題。但還有難度更高的HOYA，他連鞋子的尺寸都不對，短褲和內搭褲再加上短袖T恤，簡約的打扮反而讓像男子漢般的HOYA不知所措。在挑選飾品時，還被忙內成鍾給玩弄了，在他的翹臀上圍了一條布巾和皮帶，還掛上一整排的太陽眼鏡當裝飾，HOYA立刻變身成了賣眼鏡的大叔。而成烈則是非常不滿意地一直嫌棄、並擺弄著他下半身的那件飛鼠褲，但其實造型師是將最適合的服飾給了成烈，隊內身高最高的成烈最適合長版襯衫和飛鼠褲了，接下來就看他自己的時尚表現囉！輪到成鍾換裝時，他還賣關子地在拉上更衣間布簾時擠眉弄眼，可愛得像女孩一樣。而門面擔當L，「長得好、長得帥」是成員們一直掛在嘴邊說著的評語。「真的連同身為男人也覺得L長得很帥！」隨便怎樣穿、怎麼拍都好看。所以對於其他成員來說，「L

的臉的確是會讓自己備受牽制的對象，最強勁的對手。」

經過換裝、拍攝畫報，成員們的照片作品即將出爐了。評審場景彷彿就像美國的知名節目《超級名模生死鬥》真人模特兒比賽實境秀般進行著。請來了韓國非常知名的模特兒「宋慶兒」、為他們拍攝畫報的攝影師、造型師，來為 INFINITE 的畫報照片評分。當身高179公分的宋慶兒想要近距離仔細看看成員們時，突然間，除了成烈以外的成員們突然都腿軟坐了下來。原來大家不想被這位超級名模的身高比下去，場面煞是逗趣。在評審開始之前，大家還不斷地說著宋慶兒的好話，使盡撒嬌之能力！由其是成烈，總是深得宋慶兒的心。經過評審看過每位成員的畫報照片，以及請成員們說明對於時尚的想法，還有拍攝畫報的感想等，終於，緊張的時刻來臨，時尚王以倒數名次的方式進行排名發表。

時尚王第七名：成烈。雖然整體搭配很合適，但可惜墨鏡遮住了明亮的雙眼，對於 POSE 的擺法也是少年般淘氣的感覺。加上成烈實在太過於嫌棄飛鼠褲了，還不慎說出自己對於時尚其實不太在意。評審認為，想當時尚王，對於時尚當然要一定的了解程度，穿在成烈身上的服裝其實是很常見服飾，應該很好發揮的，真的很可惜。

時尚王第六名：優鉉。出道前當過職業模特兒的優鉉，被指出拍照時的眼神非常有魅力，但 POSE 並不是那麼吸引人啊。所以現場評審們又再給他一次機會，請他再擺個 POSE 來看看，但他竟舉起雙手向頭頂內彎，展現出了他的「招牌愛心發送」POSE，但現場全員都發出「唉～」的聲音，看來是場合不對吧。其實優鉉不管私下、上下班，和目前最火紅「機場時尚」他都有用心打扮，雖然這次他所穿的是不適合自己風格的服裝，不利於他的表現，至於會是第六名，應該就是那個和場合不搭的愛心發射 POSE 讓評審們失望了吧！

時尚王第五名：HOYA。拍攝時當然不是以賣眼鏡大叔的造型拍照囉，HOYA 將多餘的配件通通捨棄，以個人最有魅力的活力呈現。雖然順手擺出的「手指 POSE」，有受到造型師的誇獎，POSE 細節的表現讓他獲得高度評價。但其他兩位評審反而覺得手指 POSE 怪怪的，所以很可惜的只得到第五名。

時尚王第四名：東雨。號稱什麼服裝造型都能消化的東雨，果然將大尺寸的吊帶褲消化得很好。這身無法顯示任何身型曲線的特殊造型，被評審注意到他以坐姿來調整，確實聽從攝影師的指示，還用了點拍照的小心機。原來評審誇獎東雨手臂的肌肉曲線很性感，表現得很好。東雨在這時才偷偷透露説，其實他在按下快門的瞬間有小小地「用力」擠出肌肉。雖然表現良好，但其他成員表現更勝出，原本預

想第一名的東雨，想必心裡應該會有些失望吧。

時尚王第三名：聖圭。全身的照片評審們都紛紛說了很可惜，被大眼鏡框遮住臉了，但特寫照時的眼神表現則非常優秀，感覺得出有很用心在表達想法，但被問到是以什麼心情來表現這樣的眼神時，聖圭卻一直 SOUL 來 SOUL 去的，讓評審實在是不了解他想表達什麼，但最後因為宋慶兒非常喜歡特寫的照片，感覺很有時尚感，所以讓他獲得了第三名。

時尚王第二名：成鍾。照片一發表立刻讓全場都驚豔，造型師還說，就像是國外的專業模特兒拍攝出來的照片一樣。服裝得體，沒有多餘的肢體表現，在很自然的場景下，簡單地強調強烈眼神的效果！獲得一致好評！評審們也紛紛都說，依成鍾強烈的眼神，跟走路的氣場，以後一定能拍出更好的照片！

時尚王第一名：L。雖然 POSE 很多，但總覺得L跳不出歌手型的招牌 POSE，怎麼擺都那幾種，希望L能多多學習時尚界的 POSE，若再搭配他完美的臉龐，那呈現出來的作品，真的是無可挑剔了。L靠完美臉龐榮獲第1名，雖然成員們在得知L獲得第一名時都紛紛向評審吐糟他私底下的打扮，但輸的人就是沒資格嫌棄啊！長得帥真的比較有優勢，這也是成員們都認同的！最後L也有自信的說著：「時尚就是自信感！」。

節目尾聲時，聖圭還逗趣地學L用手遮住左眼後問東雨：「我就算這樣也得不到第一名吧！」，那搞笑的模樣惹得東雨和成鍾大笑。當過模特兒卻還遭慘敗的優鉉則對鏡頭喊話：「期待下回吧！FIGHTING！」似乎在心中宣誓著要反敗為勝呢！

◆序列王第六個主題：霸氣王（INFINITE 序列王 EP9）

耀眼的陽光、晴朗的天氣，將原本眼睛就小的聖圭和優鉉，都照得睜不開雙眼了，還有不管目光看到哪裡都能看到的東雨!?原來他們是到了「恐龍博物館」的公園，酷似恐龍長像的東雨，就像是恐龍界的大眾臉。東雨還到處學著圍繞在身邊的恐龍雕像的表情，被其他成員狂笑著說：「真的長得一模一樣耶！」，到底有多像!?似乎是可以去做「DNA 親子鑑定」的程度吧！節目一開始沒見到 HOYA 的身影，原來 HOYA 因為去拍電視劇「請回答1997」所以不得不調整行程，便無法參加這次 INFINITE 序列王的拍攝。本來預先拍的 VCR 是要問候一下大家，結果卻變相成了「宣傳」自己所拍的電視劇！不過幸好是同一家電視台的作品，應該沒關係！在宣傳影片後，工作人員便開始說明了本次的主題是「霸氣王」。

INFINITE 的霸氣指數，將以 Racing（賽車類的速度競賽方式）來進行，可以感受到刺激與快感，喚醒男人的競賽本能！究竟充滿霸氣的 INFINITE 最棒賽車手會是誰呢？而此回會先公布「事前排行順序」，而優鉉特別說明了，由本回起，事前排行將由成員們來決定。原因為何呢？聖圭爆料說：「我們的知識王成烈，在拍攝的前一天都會先上網看順位，甚至還有點想操控網友的投票」，因為怕票選不公平，才決定改變事前排行的方式。這一集改用以玩遊戲的方式來選出預想排名，但那遊戲居然是「打鼴鼠（地鼠）遊戲」，成員們聽了都無語了，居然完全被優鉉於事前開玩笑說的「打聖圭」（聖圭的綽號為鼴鼠）一模一樣了。

「INFINITE的霸氣是什麼？」就是不管多困難的事，都要有著堅定的精神努力解決完成。事前排行GAME開始囉！由聖圭先挑戰，在鼴鼠面前使盡所有吃奶力氣捶打著的聖圭被L笑說：「你的樣子好像是正在耕作稻田的大叔！」另外，新Dancing Machine 機械舞蹈達人優鉉「配合大家所說的舞蹈種類，邊扭動身體、邊玩著打鼴鼠」，居然得到高分。還有，動作雖然有點慢但皆準確打到鼴鼠的東雨、有著高超技術善用長胳膊的成烈、L雖然微笑著開始挑戰，但打到最後整個人都發狠了。東雨笑說：「是要你打鼴鼠，不是要你打架來著！」。接著輪到最後一個參賽者成鍾，為了喚醒忙內的怒火霸氣，哥哥們都在旁邊叫囂著。而當別的團員還在玩遊戲時，聖圭一個人躲起來還有點感嘆的說：「大家的分數都贏我吧……」，看來這次應該也是墊底圭了！事前順位排行結果：「打鼴鼠遊戲」成績公布：第1名L（705分）；第2名成烈（690分）；第3名優鉉（600分）；第4名東雨（421分）；第5名成鍾（400分）；第6名聖圭（271分）。

由於這次要用賽車分勝負，但成員中只有東雨有駕照，所以為INFINITE準備了「休閒用車」，從小學生到成人，連初學者也可以使用的休閒用車，最快時速六十

公里，而在真正的競賽之前，安全教育是必須的。在簡單的教學之後，讓成員們先在室內遊戲器材練習，優鉉本想展現優秀的駕駛實力，不過玩著玩著很快就出局了。被聖圭稱讚駕駛得不錯的初丁成烈則不解的回答：「就是啊！我開得那麼好，那我的路考為什麼沒有過關呢，那路考真是太不可理喻了。」接著來到戶外，讓INFINITE成員們開「兒童專用迷你電動車」來練習交通規則。當六歲兒童專用的迷你電動車登場時，因為和真車相似而顯得興奮的無駕照者們，可以按照個人喜好自己選擇迷你車，以室內教導的理論為基礎，INFINITE交通安全測試開始囉！

第一輪：成烈、L、優鉉一隊，行駛過程中要確實遵守交通規則，狀況分別是停紅燈、禮讓年長者、注意動物！在禮讓年長者時，聖圭還特別客串年長者，煞有介事地過著馬路。注意動物時，就由東雨熱情演出！那樣子還真的分不出他是袋鼠還是翼龍了。即使只是體驗也想展現優秀駕駛技術的優鉉，居然在最後因速度太快而撞到L，L則假裝倒地不起，成烈見狀馬上一人分飾兩角地演了起來，一下子充當路人甲說：「怎麼回事，叫警察！」，一下子又改扮成交通警察急忙過來處理「交通事故」，這三個孩子像是在演「八點檔連續劇」一樣，沒完沒了的一直演著！

第二輪：聖圭、東雨、成鍾一隊，第一個路障是成烈假扮的「充氣人偶人型」，類似在加油站會看到的那種，初丁成烈的妨礙行動開始：「汽油免費～汽油免費～」，貪小便宜的聖圭馬上將車開進加油站，誰知道這是「黑心李社長」開的加油站，加完油後才擋在聖圭面前說要收五萬元。沒想到聖圭完全不想買單竟然要硬闖出去，面對為了收油錢橫躺在路上萬般無奈的李社長成烈，聖圭似乎一點都不害怕，想要直接開過去，反而是把成烈嚇得飛快跑走！第二個路障是「不明愛心王子優鉉」一直發送愛心不讓人過馬路，而聰明的東雨說著「OK！」以擁抱來利落的化解！原來他是缺乏愛的路人，想向別人討抱抱。只可惜除了東雨，聖圭和成鍾都無視他直接開走。第三個路障是L坐在地上，拿著小心「野生動物保護區域」的牌子，企圖阻擋其他來車通過，可是路面有三個車道，怎麼可能擋得住來車，L還真是天真的可愛呢！在愉快的練習交通規則後，就要進入充滿刺激的 KART RACING（卡丁車賽車）比賽囉！

當成員們都全副裝備、自信滿滿走進場時，成烈一看到是迷你卡丁車則傻眼地質疑：「這是什麼!?我還以為會是真的賽車，這車能跑嗎？」接著進行 KART 教育的老師登場！竟然是一名十歲的小學生「吳玄太」來負責教導 INFINITE。他的 KART 經驗是二年，現為 RACING 的選手，目前也以「選手」身分活動中。由於教練跟聖圭差了十四歲，一直被L笑說：「教練簡直就像是聖圭哥兒子的輩分嘛！」另外初丁成烈還跟現場導演吵著說：「想要看起來很帥的安全帽」，選手專用的那種，後來硬是拿了小老師玄太的那頂安全帽，可惜成烈的頭怎麼擠都塞不進去！熱身賽

的規則為：1.總長一公里的賽道，一人一圈計時。2.根據到達的先後順序來決定正式比賽時的出發順序。熱身賽開始！第一個上場的是L，雖然剛起步時被玄太說是像螞蟻一樣地起跑了，但沉著地轉彎和在直線道路上確實放開速度駕駛著的L，順暢地抵達終點。第二個上場的是成烈，一開始就用著非常快速的速度起跑，第一個彎道雖然順利過彎，但在之後的一個彎道不小心失速滑轉了一圈，不過他不慌不忙地立即調整駛回賽道，順利抵達。第三個上場的優鉉在幾個彎道頻頻駛入草皮區，總控制不好速度，和成烈在同一個彎道失速也轉了一圈，表現不是很好。

緊接著第四個上場的是唯一擁有駕照的東雨，不虧是常常開車的駕駛員，穩穩地回到終點。第五個上場的是從一開始就難掩緊張的成鍾，還被聖圭跟初丁成烈開玩笑說成鍾是「從出生以來只要是運動都討厭的青年」，還故意問：「你有坐過碰碰車嗎？」，而成鍾表示，最重要的是安全駕駛，他以安全為主。一旁看似在欺弟弟的哥哥們，其實是發現弟弟似乎感到很不安，所以想開開玩笑讓弟弟放鬆。儘管開了一堆玩笑，當成鍾要出發時，哥哥們還是真誠地為忙內出聲應援。即使在出發後還偷偷說一句：「成鍾的背為什麼看起來那麼窄啊！」還嘲笑著成鍾挺直身體小心翼翼開車的樣子。成鍾認真的表情看起來雖然高傲，但他真的如自己所說的穩穩地安全駛回終點。輪到最後一位上場的聖圭開車時，聖圭還趕緊問說：「戴護目鏡會不會好一點」，但被成烈冷冷地吐糟：「聖圭哥的眼睛太小了，不會跑進砂子所

以不需要！」還輕浮地唱著說：「如果開得比成鍾還慢的話，我真的會很失望。」，一旁的忙內也跟著唱：「至少會比我快吧！」聖圭還嗆回去說：「肯定比你快！比其他人我不敢說，但一定比你快。」悠哉緩慢地出發的聖圭，被弟弟們說是村裡散步的大叔，比走路還慢，過彎速度也被說是慢得像烏龜、連風吹的感覺都沒有。熱身賽結果：第1名L（1分22秒06）；第2名東雨（1分22秒79）；第3名成烈（1分31秒22）；第4名成鍾（1分33秒63）；第5名優鉉（1分44秒35）；第6名聖圭（1分55秒96）。

最終的決賽，就是讓六名成員一起賽車，冠亞軍之爭想當然應該就是L和東雨的較勁，然而堅持安全性駕駛的成烈和聖圭則是開始倒數末位的比賽！沒想到取笑成鍾最嚴重的聖圭、成烈兩位，拿到的是倒數的名次。這次競賽的第一名獎品有獎座與香檳，從一開始就表現良好，卻以些微的差距拿到第2名的L有點埋怨的說：「東雨哥有駕駛執照耶！」成烈見狀趕緊拿香檳給L喝，東雨也向他展示非常Nice的笑容。INFINITE霸氣王的最終結果：第1名東雨；第2名L；第3名優鉉；第4名成鍾；第5名聖圭；成烈當然是最後一名啦！看完這集後大家會發現，雖然他們都已經是「二十歲世代」的人了，但都保有赤子之心，真像是一群大孩子，更正確一點的說法，應該是他們都還「童心未泯」吧！

◆序列王第七個主題：膽量王（INFINITE 序列王 EP10～EP12）

伸手不見五指的黑暗夜晚令人發睏，等待著 INFINITE 的無數冤魂們的怨念，讓人無力反抗只能目瞪口呆，煙霧瀰漫更使現場充滿緊張百倍的氣氛。這裡是受到詛咒的恐怖村莊，INFINITE 將在此展開「膽量王」的試膽大會！夜裡收到製作人的傳喚，紛紛來到傳說中恐怖村莊的 INFINITE，一到現場，隊長聖圭頻頻出聲抱怨：「怎麼在這麼黑的夜晚中拍攝真是的，都不讓我們多睡會兒。」、「大老遠跑到這裡來，大家連作夢的時間都沒有。」現場恐怖的氣氛也讓優鉉說著「現場背景音樂怎麼怪怪的，到底在做什麼，還要我們站在鬼屋前面。」大家都帶著不安的心情，在聽完說明今天的主題是「膽量王」後，成員們都未露出驚訝表情，反而是一副「果然如此」的神情。原來，在拍攝前一天，成員們在網路上都得到小道消息了。

成員們看似都老神在在，但被問到平時在 INFINITE 中的「膽量王」是誰呢？大家突然都默不作聲，優鉉結結巴巴地說：「其實……我們沒有膽量王，我們都是膽小鬼。」HOYA 立刻補充：「聖圭哥最膽小。」，而聖圭也馬上解釋說：「我啊！覺得比起鬼神，活著的人最恐怖。我媽媽總是跟我說，在這世界上最恐怖的就是人！如果真要舉例子的話，那就是李浩沅（HOYA）！」。雖然身為隊長，但當隊長不振作時，只需要用眼神就能鎮壓住隊長圭的人，就是 HOYA 了！令人意外的是，最無所畏懼的是成鍾，優鉉一聽立刻抱怨著：「都要被逼瘋了，求你別再看恐怖電影了。」成烈也跟著爆料：「去我們的宿舍看的話，會發現都是恐怖電影。」原來，老么成鍾很喜歡恐怖電影的刺激感，他是常常在這群「膽小鬼」的宿舍中看恐怖片的人。

當大家熱烈討論著被恐怖電影佔據宿舍的話題時，在一旁卻有一個人的臉色漸漸變暗，笑容也開始變得僵硬，那就是非常排斥本次主題的東雨，嚇得神情都迷懵了，不禁抱怨著：「為什麼要這樣，做一些健康的主題啦！這太辛苦了，別做了啦！」在恐怖體驗開始前，東雨就已經不停地冒冷汗了，還被現場突然發出的聲音嚇了一跳。

INFINITE 膽量王事前排行順序：預想第1名 HOYA；預想第2名L；預想第3名成鍾；預想第4名東雨；預想第5名聖圭；預想第6名優鉉；預想第7名成烈。

HOYA 以釜山男兒的霸氣榮登第一，而L應該是屬於就算被嚇到了，也仍面不改色的人吧！在宣布第4名時 HOYA 還說著：「這次被選為第4名的話感覺很不吉利哦！」，聖圭急忙緩和氣氛說：「不要這麼說，萬一第4名是東雨，他會更害怕的。」遺憾的是，東雨還真的命中大家的預測。大家看著東雨畏畏縮縮的樣子，都

不禁想捉弄他一番。在INFINITE出道前的節目「你是我的哥哥」中，就已得知優鉉跟成烈特別膽小，所以被列入事前排行倒數一、二名。現場在排名公布時也播放了一段剪輯的片段，大家都靜靜地坐在椅子上，突然有一名女鬼衝進教室，優鉉被嚇得一屁股跌坐在地上，從此被大家當成笑柄。另一個片段是成烈被處罰一個人在音樂教室彈鋼琴時，聽到恐怖的尖叫聲音被嚇得也跟著尖叫，他那高八度的尖叫聲可真不是蓋的呢！音域之廣簡直可以跟「Vitas（俄羅斯男高音）」一較高低。而將優鉉嚇得跌坐在地的女鬼，就是成烈因不甘心被處罰而故意嚇成員所扮成的。

接下來的任務是成員們各自尋找藏在民俗村中的葫蘆瓶，獨自一個人在黑暗夜晚的恐懼之下，最先退出的成員會是誰呢？製作單位沒有給任何提示，讓成員們自行在偌大的民俗村中尋找葫蘆瓶。為了提升恐怖氣氛，聖圭自告奮勇地說了一個恐怖故事，正在鋪陳時，優鉉還有一句沒一句地搭著詳述劇情，但鋪陳實在太長了，遲遲說不到重點，HOYA也開始沒耐心地打斷故事的進行，害得聖圭耍性子不想繼續說下去，猛拉HOYA到一旁想修理一下。優鉉整理說著：「應該是很恐怖的故事，前面鋪陳那麼長幹麼啊！」難得膽小的L和成烈都認真地在聽故事。在玩鬧一翻後聖圭接著將故事說完，但聽完後卻沒有人覺得害怕，L和成烈都一頭霧水，讓講恐怖故事的聖圭還得解釋一番，嫌棄地說著弟弟們的理解能力不好，瞬間讓恐怖氣氛降至最低點，弟弟們都建議：「這段要編輯（剪）掉！」害得隊長圭都無言了。

在膽量王正式測試之前，先讓 INFINITE 的所有成員在小型鬼屋試試膽，畢竟今晚的主題場地是這整個韓國民俗村。在體驗還沒開始前 HOYA 整理說著：「要先感受一下恐怖的感覺，再開始進行測試。」而傻頭傻腦的成烈突然接著說：「（恐怖的味道）鹹鹹的～」（編註：HOYA 說「恐怖的感覺」類似形容「恐怖的味道」。），L很捧場地笑彎腰，大家則紛紛無視成烈無厘頭的發言，開始鬼屋的小試膽體驗。由聖圭領隊依年齡順序進入鬼屋，聖圭拉著東雨的手前進著，才剛走進鬼屋沒多久，成烈就被突然的敲門聲嚇得彈跳起來，還惱羞成怒地用長腿回踢了門一下。現場成員們都被嚇得直喊：「別這樣！別這樣！」大聲地警告著鬼屋的工作人員。而不知道何時顛倒的入場順序，變成是優鉉負責帶隊前進聖圭則在他身後催促著，邊經過身旁看似隨時會跳起來嚇人的鬼魂，成員們口中不斷念念有詞：「真是的！別這樣，真的別這樣。」大概是覺得這樣好言相勸，鬼魂們就不會嚇他們了吧。事與願違，一位由工作人員假扮的「少女鬼魂」突然衝向成員們，嚇得他們邊喊叫邊閃躲，直到少女鬼魂向他們招手打招呼，大家才鬆了一口氣。

緊接著是鬼屋冒險——黃泉行，疾行列車搭乘 GO！GO！才從少女鬼魂的驚嚇中回神沒多少，甫轉身優鉉就與「黃泉列車乘務員」互相被彼此給嚇一跳。平定驚嚇後，成員們紛紛就座，緊鄰並座緊抓著聖圭手的優鉉，一旁的節目製作為他上了字

幕「哥，不要放開手」，HOYA急忙問著：「會危險嗎？要繫安全帶嗎？好像很危險。」不過在發現紅外線攝影機的鏡頭後，隨即就先忙著整理儀容，就算是在黃泉列車裡也不放過隨時保持偶像良好外貌的機會。原本也碎念著沒有安全帶的聖圭，在發現紅外線鏡頭後，也急忙著對著鏡頭左看右看，還說著：「用這個攝影機拍攝，皮膚看起來真的很好！」，成烈和成鍾也隨後加入了這個恐怖體驗也不能阻擋的「大勢Idol INFINITE的外貌管理！」行列。

列車開始行駛進入充滿鬼魂哭聲的隧道，由聽覺刺激著末稍神經的黃泉列車前進著！L說：「音效更嚇人！」大夥兒完全認同，就算是一個小小的聲音也挑起了成員們的敏感反應。隨著列車緩慢行駛，更加細緻的黃泉風景映入眼簾，精神超集中的全員一刻也不敢鬆懈！而比起恐怖的景象，L和成鍾反而覺得成烈因驚嚇的喊叫聲比較恐怖，就連大膽的HOYA也嚇得哭喊：「媽媽啊……」。本來在保護優鉉的聖圭，竟然也被嚇得倒在優鉉身上，優鉉趕緊安撫聖圭說：「我在這呢！哥，相信我吧！」都快被嚇哭的東雨則大喊：「真的別這樣，真的！」精神都快崩潰了。雖然入場後嘴上都說著，別這樣嚇人，一點都不恐怖，但實際上各個被嚇得目瞪口呆、唉嚎聲不斷，真是讓人著實地嚐到恐怖滋味的鬼屋體驗。

鬼屋體驗結束後，緊接著展開正式的膽量王測試，一行人走出鬼屋時優鉉說：

「比起一個人走，我們七個人一起就不覺得恐怖了。」七個人壯膽大喊著，我們團結起來就什麼都不怕了。但才剛說完就又被工作人員嚇了一跳，原來是守門的陰間使者拿著「任務紙」再度出現……遊戲規則：村子裡藏了三十五個葫蘆瓶，必須找齊五個葫蘆瓶，然後要勸解被冤枉卻無法逃離冤獄的女鬼，得到貼著自己個人肖像圖型的葫蘆瓶才算完成任務！而優先找齊葫蘆瓶並第一個到達「終點」場所者為「膽量王」！

由陰間使者帶路，在充滿詭譎濃霧的道路前進著，東雨因為太過於害怕，連工作人員晃動的身影都讓他倍受驚嚇；優鉉為了消除恐怖而高唱起愛國歌曲；L突然進入演員模式，彷彿上演「L驅魔師」，對著攝影機自言自言詳述過程，就像在拍攝恐怖片一樣，還煞有介事地說：「好像有什麼似的」。到了民俗村入口，INFINITE現在開始全部的人都必須分散開來各自行動！挑戰才剛開始就已經深受恐懼的成烈找了L一起做伴，他心想有人可以依靠，不過還是被突然出現的女鬼嚇個半死，和鬼的初次見面就讓成烈嚇得瞬間逃離，快要提不起精神了。但意料外大膽的L，反而將鬼當成人質，還用敬語問女鬼：「您知道哪裡有葫蘆瓶嗎？」但女鬼一句也沒說地走離他身邊，L還對著離開的女鬼追問：「您就這麼走了嗎？」

膽子大的忙內成鍾帶著任務紙，一個人獨自在漆黑的路上，一點也不害怕地仔細尋找葫蘆瓶和女鬼，腦海中滿滿是任務，甚至呼喊著「女鬼大人」，還有餘力擔心哥哥們，尤其擔心東雨。而被聖圭順順地拉著走的東雨，光聽到聲音就嚇得快要暈過去，不論什麼細小的聲音，都能準確地挑起東雨的警戒，正確的來說是「每5秒就嚇一跳的非常有規率的「do」」，邊受驚嚇邊喊著：「不要這樣，真的不要這樣，啊唷，真的很討厭啦！」害怕地在原地轉圈。聖圭顧不得東雨的悲鳴，決意要找到葫蘆瓶，在一間詭異的屋子發現晃動的影子，突然間女鬼衝了出來，東雨嚇得以光速逃離。不過或許是女鬼的動作不太自然流暢，聖圭居然笑著說：「雖然我很想被嚇到，但是沒被嚇到耶。」接著大膽地走進屋內尋找，且幸運地找到一個葫蘆瓶。東雨則待在外面，嘴裡不斷像重播般說著：「不要這樣！什麼啊！真的不要這樣。」一點點小動靜也自己嚇自己，還被工作人員裝扮的女鬼嚇得全身發軟動彈不得，這樣看來，東雨在找到葫蘆瓶之前就會被恐懼給擊倒了！相較之下，在屋內找到一個葫蘆瓶的聖圭，原本該被一旁突然竄出的女鬼嚇到的，卻因女鬼沒站穩，腳被絆倒拐了一下的窘狀而逗得哈哈大笑，甚至還跟女鬼搭訕聊了起來。

村莊的另一邊，L則繼續演著他自導自演的恐怖片劇情，也一邊尋找著葫蘆瓶，很想一個人單獨進行的L，依敏銳的直覺找到第一個葫蘆瓶後就留下成烈一個人溜走了。不知道自己一個人單獨被留下的成烈，仍然努力地尋找葫蘆瓶，但因為太害怕了，還要求負責拍攝的工作人員走在他前面。為了消除緊張，還將門反關上故意嚇工作人員，還真不虧是暱稱幼稚王的初丁成烈。優鉉在村莊的孝子門，達成與地府使者的「鏘鏘鏘對決（類似黑白配的遊戲）」後，順利得到一個葫蘆瓶。在離開時還發現意外的驚喜，從他眼前快速閃過的地府使者，似乎在哪裡見過面！隨即認出眼前使者原本真面目的優鉉，突然爆笑出聲，原來他是 INFINITE 所屬經紀公司 Woollim Label 的社長。

預想排名第1名的 HOYA，膽子雖然很大，但其實不會想去覺得很恐怖的地方。「但是葫蘆瓶好像就是會藏在恐怖的地方。」HOYA 看到遠處的女鬼，一開始很鎮靜地詢問女鬼是誰，接著還出聲恐赫女鬼，但由於女鬼裝扮太驚悚了，HOYA 也不禁覺得恐懼，立刻壓低姿態前去協商：「對不起，對您說非敬語很抱歉。」得到女鬼的原諒後，依提示找到一個葫蘆瓶。忙內成鍾真的一點都不害怕，雖然突然出現的鬼讓他驚嚇了一下，但也僅有那麼一下子，不慌不亂地完成地府使者的「鏘鏘鏘對決」，還尾隨想嚇唬他的女鬼，反而讓女鬼不知所措地逃離，比起鬼神，最可怕的應該是成鍾吧。

途中，成烈、聖圭和東雨碰面了，聖圭秀出葫蘆瓶，讓兩位弟弟有眉目，然後丟下東雨，自行離去。東雨望著離去的身影，無可奈何只好自己行動了，在屋內尋

找著葫蘆瓶，大概是緊張過頭了，在屋內轉了一圈無所收獲，小小放鬆了一下，正當東雨覺得什麼都沒有要離開小屋時，在門前被一抹驚聲喊叫快速晃過的黑影嚇得大聲哭喊，跌坐在地。那黑影被攝影機捕捉到，正是方才嚇唬優鉉不成的社長大人所扮的地府使者！可憐的東雨，被自家社長嚇得腿軟站不起來，久久無法振作精神。嚇得都快哭出來了，坐在地上稍做喘息後，再次打起精神搜尋葫蘆瓶。

大半夜仍能興奮的初丁成烈，開心地模仿騎著馬奮力地前進，尾隨的腳步聲讓他嚇了一大跳，原來是工作人員為了跟上假裝騎馬突然奔跑的成烈所發出的聲音，害怕的成烈還要求工作人員換鞋子，直說腳步聲真的太可怕了，就連學鬼叫著：「여기네（韓文「在這裡啊」）」聲音都是發抖的。苦無所獲的成烈終於發現了置於桌上的恐怖箱，好不容易才從恐怖箱中找到了葫蘆瓶，但緊接著桌子底下突然伸出一雙手抓住成烈的腳，成烈被嚇得跌坐在地，竟把第一個得到的葫蘆瓶給弄破了，成烈於是大膽地掀起桌巾開始跟躲在桌子下的鬼抱怨：「都是因為你啦，害我把葫蘆瓶都弄碎了！」好不容易得到了，真是委屈啊，但是責備鬼魂也於事無補！急尋鬼魂的成鍾終於遇到任務關卡「和女鬼的情侶跳繩」，一起跳十下即可獲得一個葫蘆瓶，雖然跳繩功力不好，但仍堅持努力的忙內，也終於獲得第二個葫蘆瓶。

優鉉在另一個小屋內幸運地輕鬆找到第二個葫蘆瓶，放鬆心情之餘被另一個白面的女鬼嚇到，也許是優鉉受到驚嚇的樣子太過有趣了，女鬼忍不住遮臉偷笑，為了不讓優鉉糾纏太久，還大方地指引葫蘆瓶所在方向，讓優鉉順利尋得第三個葫蘆瓶。獨自拍著恐怖電影的L導演，大膽地尋找著葫蘆瓶，即使被女鬼嚇到，也迅速地恢復心情，在進入另一個小屋搜尋時，他發現門縫處似乎有一雙眼睛盯著他看，L大膽地推開門，原來是跟隨L的HOYA，兩個人都互相嚇了對方一跳。另一邊，方才被社長假扮的鬼，嚇得魂飛魄散的東雨，在驚嚇過後慢慢恢復冷靜，隨後也順利的找到一個葫蘆瓶，才開心地露出挑戰以來初次的笑容。讓東雨直說：「真的太辛苦了，好累，可以直接受罰嗎？」由「膽量王」這個主題可以了解，舞台上的「華麗獅子們」另一個樣貌，就連根本只是小兒科程度的驚嚇，也能讓成烈和東雨嚇到腿軟還冒冷汗。隨著時間的流逝，東雨的腳步也變得更沉重了，每到一處就會先問：「有（鬼）嗎？有（鬼）嗎？我真的不喜歡，真的，在嗎？不要過來哦！」以完全戒備的狀態進入黑暗的建築內，在發現鬼後，驚恐的東雨失魂地逃跑並叫著：「我真的要瘋了！」、「有鬼啦！真的有鬼！」。

成烈遇到了一個紅光女鬼，於是他拿著會發出「啾啾」聲的玩具想嚇唬女鬼，女鬼因為成烈的不尊重本想離開，成烈在她腳邊哀求著，女鬼反擊地嚇回去之後才勉強留下，成烈則試圖想安撫女鬼，尋問著她的寃屈是什麼，說要幫她達成心願。「要我跳舞給妳看嗎？還是抱妳一下呢？要我做什麼呢？」膽小的成烈竟然為女鬼

跳起「成為我的人」的舞步，甚至連撒嬌都使出了，最後手段是想用眼神接觸來融化女鬼的內心。但搞了半天成烈才知道這個女鬼根本就不是「冤獄鬼」，不會發給他任何葫蘆瓶，只是白費力氣，還生氣地要鬼來安撫他。大膽的成鍾依然四處找鬼魂，想尋得提示，無意間遇到情侶鬼，跟著勾魂使者半天都無所收獲，只好另尋鬼魂。巧遇女鬼還很有禮貌地問好，連鬼都拿他沒輒了。鎮定地連扮鬼的工作人員都覺得「成鍾比鬼還可怕吧！」讓鬼最有成就感的，應該還是東雨吧！光是看到鬼遠遠地奔走過來，他就能嚇得全身發抖，途中還急忙著呼喚成員們。成鍾在這個特輯的表現真的非常MAN，當東雨呼喊著成員們時，成鍾就像是天使般回應著：「東雨哥！我在這裡，快過來。」發現東雨後也快速地走到他的身邊，牽起東雨的手將他擋在自己身後往前走，帥氣度可說是100%。看到東雨鬆懈下來的鬼神們當然不會放過機會，還趁機嚇了東雨，成鍾生氣地出聲罵了鬼魂，並英勇地逼退鬼魂。

聖圭也抵達「和女鬼的情侶跳繩」的關卡，聖圭一連跳了好幾次，都無法成功和女鬼連續跳十下，而明明就是聖圭自己一直跳不好，還怪罪這位女鬼不會跳，然後要求換找其他女鬼來挑戰。當成烈來到跳繩關卡時，聖圭還是沒有成功，急躁的模樣引起了成烈的注意，還一直搞破壞，讓跳到快虛脫的聖圭直呼：「到底發生什麼事了呀！」到底什麼時候才能成功呢？體差力的墊底圭，繼續著與女鬼無止盡的跳繩派對，連女鬼都快沒耐性了。最終由女鬼控繩，總於完成了。接著到達的 HOYA 緊接著挑戰，女鬼還被聖圭警告：「要是太快成功，妳就死定囉！」結果 HOYA 只跳一次就成功！不虧是跳舞機器，節奏感超優！扮演情侶跳繩的女鬼對 HOYA 投以感謝的眼神之後站不穩地腿軟了!!因為和聖圭實在是跳太多次了……

而漸漸大膽的成烈卻連續受到了恐怖攻擊，一開始鬼差只是出現而已，他也嚇出一身冷汗，接著經紀人也出場扮鬼嚇他，嚇到迷懵的成烈說：「那不是我們經紀人嗎？怎麼老是沖著我來啊！」由於成烈的反應實在太激烈了，所以連女鬼也加碼現身，嚇得成烈將手上的小型攝影機都耍飛出去了。扮鬼就是要嚇這種反應誇張又猛烈的人，光是被嚇的表情就有幾十種，不過這回有些可惜，沒有聽到成烈的高八度海豚音。

葫蘆瓶數量中場統計，優鉉四個；HOYA、成鍾各三個；聖圭二個；L、東雨、成烈各一個。而在中場的休息時間，要玩吐西瓜籽比賽，能在臉上留下最多籽的人，即可獲得葫蘆瓶一個！這是獲得葫蘆瓶最少的成員們反敗為勝的好機會，雖然大家都碎念著偶像有外貌管理的負擔，但一聽到由誰先開始，大家都立刻自告奮勇，勝負心果然很強。成鍾立刻就把籽吐在左眼上了，作品名為「眼睛上的痣」。接著聖圭把籽吐在左臉龐靠近嘴巴上面，這顆痣還真 SEXY，也很像媒人婆！作品名「性感魅力」！雖然畫面不太美觀，但成員們都努力吐著西瓜籽，努力讓籽留在臉上。雖

然東雨在測驗進行中都被嚇得嘴巴開開，但仍努力地吐著西瓜籽。當遊戲結束後，勇敢果決丟掉 IDOL 形象的聖圭、HOYA、東雨因為留在臉上的籽最多，各獲得一個葫蘆瓶！目前統計拿到最多葫蘆瓶的是優鉉，東雨提議說，如果做點什麼可以給我一個葫蘆瓶嗎？所以優鉉就想了一個點子，能讓南優鉉笑的人就可以得到優鉉的一個葫蘆瓶。遊戲開始，雖然 HOYA 很努力，但結果卻很冷場……大家都猶豫著要自毀形象還是要逗優鉉笑來得到葫蘆瓶。接著東雨說要試看看，他就用了切片的西瓜扮起了長舌鬼，模樣看起來真的蠻好笑的，看在東雨這麼努力自毀形象的搞笑，優鉉送了一個葫蘆瓶給東雨。休息時間結束後的葫蘆瓶統計結果為：HOYA 四個；優鉉、聖圭、成鍾、東雨各三個；L和成烈各一個。

下半場 INFINITE 繼續努力尋找葫蘆瓶，只要猜拳贏過女鬼就能拿到擁有個人肖像的葫蘆瓶，成烈誤打誤撞地進入冤獄鬼所在的監獄，還一次就猜贏女鬼，第一個得到擁有個人肖像的葫蘆瓶！聖圭來到一處「龍駒衙門」之地被審罪著，判官大人說著「只要『坦承你的罪』，就能得到一個葫蘆瓶」，聖圭一開始還不想承認罪行，被經紀人哥哥裝扮的使者和女鬼聯合用刑，痛了才知罪的聖圭坦承自己偷穿了成鍾的內褲：「因為行程太忙了，所以沒時間洗衣服，就穿了成鍾的一條內褲。李成鍾，對不起！」於是被罰打幾個大板就能拿到葫蘆瓶。在被處罰前，成烈突然出現並向女鬼自告奮勇：「我願意來替您打他。」聖圭急呼：「你給我閃一邊去！」比起女鬼，更可怕的是小學生（幼稚鬼）成烈。而根本不把聖圭放在眼裡的成烈拿起了棍杖，啪一聲就打下去了，聖圭立即唉嚎了一聲，發怒的眼神即使在黑暗當中，也能閃閃發光，聖圭狂吼：「你給我過來」成烈三十六計走為上策，急忙閃人，直呼：「不要，你比鬼還可怕。」聖圭只能生氣地怒視逃離的成烈，那表情真的是比鬼還可怕！刑罰後的聖圭得到一個葫蘆瓶。

優鉉來到了跟鬼差比賽的關卡「翻板子遊戲」，三戰二勝的他獲得了一個葫蘆瓶，接著準備前進監獄撫慰女鬼魂才能獲得屬於他個人肖像的葫蘆瓶！大膽的成鍾仍四處翻找著葫蘆瓶，發現站在空屋前徘徊著的L。L正猶豫是否要進入，還說著：「建築物比人還可怕。」古老的屋舍總帶有幾分神祕，讓L感到有點害怕，突然被身後傳來的恐怖貓叫聲嚇到，結果發現竟然是成鍾裝的，於是L要成鍾幫忙一起進入空屋尋找葫蘆瓶。HOYA在此時也進入「龍駒衙門」之地被審罪著，坦承搶了成員的優格以及沒有來參加上一回的序列王錄影後，順利得到一個葫蘆瓶。成員們對於找葫蘆瓶也愈來愈得心應手，成烈三兩下就找到了兩個，東雨雖然膽子小但也順利找到葫蘆瓶，瞬間就累計了四個葫蘆瓶，結果還忘情地開始唱起歌來，好不容易笑開懷，當他的心情一鬆懈，女鬼、鬼差使者又出現來嚇他。笑容瞬間消失的東雨，還被L嘲笑說：「你不是說習慣了嗎？」東雨還真是一刻都不能鬆懈啊。隨後眼尖的東雨發現了女鬼身上似乎有葫蘆瓶，鍥而不捨地緊跟著女鬼，勇敢地向女鬼要了葫蘆瓶後，終於獲得。這期間成鍾和聖圭都順利地猜贏女鬼，得到個人肖像葫蘆瓶。

」隨後也進入「龍駒衙門」之地被審罪，由於沒有承認自己的罪狀，正被杖罰著。東雨輕鬆挑戰勝過鬼差，又度得到一個葫蘆瓶。運氣超好的成烈，跟攝影師互玩闖門遊戲時，順便在附近的門後找到葫蘆瓶，目前已經是準優勝了。不過成烈和聖圭都還不知道彼此已得到肖像葫蘆瓶了，最終就只差找到「遊戲審核終點」，蒐集齊全的人要先到達終點才算勝利。而此時已達成目標的成烈、聖圭則開始大玩心理戰，兩人毫不猶豫地展開說謊演技。發現在一旁傻傻地玩著挑戰遊戲的東雨，成烈故意跟東雨說自己也還沒找到肖像葫蘆瓶。一旁從監獄走出來的聖圭也騙成烈說他沒找到肖像葫蘆瓶，但是聖圭不自然的樣子，讓他的謊言一下子就被拆穿了。突然間，成烈發現遠處有一盞亮光，於是急忙跑過去的時候，突然意會那裡可能是「遊戲審核終點」的聖圭也跟著跑，獨留依然迷惘的東雨，似乎還不知道發生了什麼事。原來兩人都不知道正確的路是要往哪裡走，無條件奔跑的成烈與緊跟上來的聖圭，在事前預想排名為第五和第七名的他們到底誰能拿到第一呢？

聖圭已經準備要跟成烈拼輸贏了！在二人急著尋找「終點場所」的樹林裡，聖圭終於發現了最終目的地，正賣力的拼命往前跑，成烈也立刻回頭跟著聖圭的方向不顧一切的往前衝，成烈為了搶第一，竟然連鞋子都踢掉了，兩個人到達後都互相

爭辯説著自己才是第1名，經過「影像判斷」後「膽量王」的最終 Winner 出爐了。最後由隊長圭獲勝！成烈雖然得了第2名感到有些遺憾，但整體表現還真是蠻搞笑的，不知道何時，成烈還偷偷拿了布景用的蜘蛛布偶。聖圭終於拿下第一名，高興地大喊：「我贏了！我是『膽量王』！媽，我打敗成烈了！」

在鬼屋附近徘徊的東雨遇到了L，L用可愛的語氣跟東雨哥要葫蘆瓶，東雨二話不説就從脖子取下一個葫蘆瓶給L，L感謝地跟東雨説：「到監獄就能擁有肖像葫蘆瓶。」並詳細告知路徑，雖然還是要躲著可怕的鬼，但東雨還是勇往直前……事先被預測是第一名的 HOYA 很可惜只拿到了第3名，先抵達終點的三人計劃為剩下的成員們設下驚喜的「隱藏攝影機」！騙下一個到達的成員説，要猜出今天現場扮鬼的工作人員有幾位？在成烈和 HOYA、聖圭自然純熟的演技下，成鍾真的上當了，還認真地猜起答案，不怕鬼的成鍾本來有機會拿到第4名，可是在成員們的惡作劇下未能及時把葫蘆瓶放在桌上得以過關，導致成鍾又下降一位變成第5名，讓後來到達的L拿到第4名，真是壞心的哥哥們。再來只剩下東雨和優鉉還沒有到「遊戲審核終點」，大伙決定繼續行騙尚未到來的成員，上一個受害者成鍾也投入騙人的行列，而且比誰都還認真的參與。雖然L幾度偷笑，但優鉉完全上當受騙，認真猜著鬼有幾個，沒能查覺，就在優鉉認真地猜答案時，聖圭還偷偷摸走了優鉉的肖像葫蘆瓶，這麼一來優鉉就會成為最後一名，所以其他人也開始幫忙，由L幫忙運

送優鉉的葫蘆瓶給 HOYA 藏匿，但終於還是被優鉉發覺了，還起了疑心問說：「是隱藏攝影機嗎？」雖然懷疑但還是繼續被騙著，此時的東雨是監獄的最後一位客人，在他離開時，鬼魂們都出來送客，嚇東雨最後一次，然而最後一名竟然不是東雨，而是被陷害的優鉉。

「膽量王」最終排名：第1名聖圭；第2名成烈；第3名 HOYA；第4名L；第5名成鍾；第6名東雨；第7名優鉉。拿到第1名很興奮的聖圭被 HOYA 潑冷水說：「高興也只有一天啦！」但聖圭還是開心地模仿著「時尚王」中的成鍾對鏡頭做出的 Wink 動作，成烈吐嘈表示：「這才是今天最恐怖的一段。」轉眼間天都快亮了，INFINITE 全員和節目製作的工作人員們，以及經紀公司的人員，大家通宵拍攝真是辛苦了。

◆序列王第八個主題：幸運王（INFINITE 序列王 EP13 & EP14）

離開炎熱夏日的涼爽避暑假期，和 INFINITE 一起「Luck Camping」吧！INFINITE 在綠色的戶外露營地裡盡情享受著大自然，大夥兒也自然地邊走邊哼唱了起來。因為每位成員都得過序列王的第1名，所以這次準備舉行 INFINITE 序列王的「王中王比賽」。今天的主題就是上天給的福氣「幸運王」，本次獲勝者的獎品是「用黃金打造的金鑰匙」一把。成烈除了要求驗證以外，還頑皮地放進嘴巴裡咬看看是不是真黃金。INFINITE 的幸運指數有多少呢？透過選擇「福不福（幸不幸運）」來看看誰是 INFINITE 最佳幸運王。事先順位是依照抵達拍攝場地的先後順序來排列：第1名L；第2名成鍾；第3名成烈；第4名優鉉；第5名HOYA；第6名聖圭；第7名東雨。

第一個單元：「服裝福不福」。成員們各自挑選裝有七種服裝的紙箱，但在接下來進行的單元中都必須穿著。有先見之明的成烈說：「大熱天該不會有冬天的防寒衣吧！」賓果！忙內成鍾就選到了「羽絨外套」，接著成鍾看到聖圭拿到「童裝」，還替他擔心地說：「這怎麼能穿啊！」看見其他人的服裝，笑得最誇張的優鉉拿到了「女子韓服」，穿起來就像是古裝劇中的小媳婦。而成烈最幸運了！他抽到「不用換裝」，情況最糟糕的是L，他選到了「貼身超人裝」，一想到要穿這麼搞笑的

服裝讓他都說不出話了，況且L還是第一個選擇的，怎麼偏偏是門面擔當的L啊！東雨選到的是活動性佳的「探險家服飾」，但因為裝備很多，他卻羨慕起優鉉的裝扮說：「因為平時哪有什麼機會穿女子韓服！」HOYA則幸運的選到「風衣」，由於剛好因為眼病而戴上墨鏡，HOYA還咬著竹籤說自己是瘋迷一世代的周潤發的弟弟「周潤八」。著裝後全員站在一起的畫面，聖圭都忍不住說，真是對不起粉絲們了，要是看了馬上轉台怎麼辦啊！真是讓全員都崩潰的服裝紙箱！

第二個單元：「足球福不福」。幸運的人會踢到真正的足球，而不幸運的人就會踢到裝滿水的足球。第一戰由成鍾跟超人L對抗時，踢到水球的L因為水球太重還整個人騰空絆倒了一下，圍觀的成烈跟東雨還一再模仿L超人空中飄浮的姿勢，真是粉碎了L超人的面子。第二戰由優鉉與成烈一戰，成烈雖然因為閉著眼睛空踢了一腳跌坐在地，但由於聖圭偷換球攪局，結果是成烈獲勝！第三戰由東雨、聖圭、HOYA對戰，東雨率先飛踢，踢到了真正的足球，而敬業的聖圭和HOYA兩人，雖然明知是水球，但仍堅持試踢，著實地嚐到水球沈重的力道。最終對決，由勝出的成鍾、成烈、東雨大PK了，製作單位說要改用頭頂，優鉉問：「這樣撞擊，不會造成記憶喪失嗎？」。東雨率先挑戰，不尋常的「扣咚聲」大家都知道是水球，而東雨猛頂球的蠻力，連旁邊的成員看了都為他擔心啊。緊接著挑戰的是成烈和成鍾，成烈頂球一樣力道過猛都頭暈腦漲了，還想確認一下到底是不是水球，那模樣實在太搞笑了。「足球福不福」最後由成鍾獲勝。

第三個單元：「游泳池福不福」，現場總共準備了六條繩索綁著的游泳圈，依據成員們選的號碼逐一剪斷繩索，其中只有一個 LUCKY GUY 會選到即使被剪斷了也不會落水的繩索。在「游泳池福不福」舉行之前，要先來玩一場簡單的熱身賽「禁止語福不福」。

第一輪的遊戲規則：「福不福」之眼力遊戲：

①由 INFINITE 成員轉動轉盤，按照射中的數字發配相對應的水槍。

②成員們於頭頂戴上『製作單位準備的禁止語』後，開始進行對話，如果說出自己頭上所戴的禁止語就會被淘汰，同時還必須接受水槍的洗禮。第一輪「禁止語」遊戲結束後，獲勝的 HOYA 得到一把鑰匙！

第二輪是「禁止語內容由坐在自己隔壁的成員指定寫上」，這樣成員們彼此命中的機率會大大的提高，然後輸的人會被大夥兒用水槍噴水。成鍾在 L 的頭上寫「哈哈哈」，所以遊戲開始還不到 30 秒 L 就 OUT ！被製作單位引誘說出禁語「哎咦」的聖圭也出局；只是大笑就出局了的東雨，在確認自己的禁止語「咔咔咔咔」後更是瘋狂地大笑並抗議說：「人要笑才能活著啊！」成烈還頑皮地學著東雨的特殊笑聲。

HOYA在一旁一直保持沈默，大家便開始引誘他，果然才第二句話HOYA就破功了，原來聖圭給HOYA寫了「不是！不是！」，聖圭還說HOYA總是喜歡先否定。而東雨在成烈頭上留下一個字「啊」，當成烈還在猜得暈頭轉向時就突然被水槍侍候了，因為他也在無意中說了自己的口頭禪！第二輪的「禁止語」遊戲最後是『小媳婦』的優鉉獲得金鑰匙一把。

「游泳池福不福」正式開始，HOYA說因為自己眼病不能下水，考慮到擔心其他成員會被感染，所以自動退出這次的遊戲！命運的時刻來臨，這繩索牽絆著他們的命運，在剪刀開始剪的聲音之下，反應開始敏感的INFINITE成員們，究竟誰會是第一個嚐到游泳池的涼爽呢？第一位不幸兒是東雨，接下來落水的主角，是花美男L，下一位入水的是優鉉，而最後究竟「游泳池福不福」幸運王是？終於到了決定命運的瞬間！聖圭、成烈、成鍾居然都同時下水了……這是什麼情況啊?!「羽絨衣少年」成鍾被剪斷入水，首輪的LUCKY GUY成烈也被剪斷入水，但是不用落水的人也掉了進去？這就是所謂的LUCKY嗎？誰也沒有去剪聖圭閃耀金光的粗繩，真令人無法理解！聖圭的繩索明明就沒斷，但他卻也一起掉下水了，只見他一臉不開心的抱怨，根本就不幸運嘛！但不論如何「游泳池福不福」的幸運王，就是金聖圭！中場統計：聖圭、優鉉、HOYA、成烈、成鍾各有一把黃金鑰匙。

吃飯的時間到了，「福不福露營」的守則——什麼東西都不能白給！再次找上門來的是，無法逃避的「福不福選擇時間」。「晚餐福不福」選項有拉麵和泡菜組合、五花肉和烤肉套餐等，在 INFINITE 面前放著七個的手機號碼。

①成員們各自在七個手機號碼中選擇一個號碼。
②打通手機號碼，尋找接到電話的工作小組人員舉起的食材和工具解決晚餐！
③得到五花肉和燒烤套裝組的是黃金鑰匙的得主！

優先選到「拉麵和泡菜」，幸運的成鍾選中「五花肉和燒烤套裝」，幾位哥哥為了想吃肉都急忙與他擁抱示好。成烈則選到「蕃茄醬和雞蛋」，當優鉉選到「檸檬糖」時，其他成員因為最差的菜單項目已被選走，不會再選中時都高興地大叫「耶！」；HOYA 選中的是也蠻不錯的露營晚餐「咖哩飯及瓦斯爐組合」，而一開始抽選就不斷宣告著有「飯和紫菜套餐」就滿足了的聖圭，也如願以償選中。東雨當然沒有選擇權，得到最後留下來的菜單項目「馬鈴薯與平底鍋」。

雖然各自分配到食物了，但還沒有結束喔！除了抽選晚餐食材和工具，緊接著還有露營場地的選擇「露營場地福不福」！

①晚飯享用的地點為露營車、鋼絲折疊帳篷、一般帳篷、大型遮陽傘、蚊帳、涼草蓆、澡堂凳子這七個地方。

②露營場地根據事先排列的號碼順序來透過「爬梯子遊戲」決定場地。
③選中露營車的人就是黃金鑰匙的幸運得主！

聖圭選到了最佳的晚餐享用地點「露營車」，所以他集結了L、成鍾，這個結盟可真的是完美組合：五花肉、飯和紫菜、泡菜與拉麵都有了，簡直就是當晚的「韓式滿漢全席」啦！因為眼傷戴墨鏡視力不清楚的HOYA，相信優鉉料理的功力，所以兩人也結盟了，兩人還延續「人氣王」的配對遊戲，HOYA在切食材時送了一個愛心馬鈴薯給優鉉，優鉉也發送了一個愛心回應他，兩人還真是玩不膩。成烈則在一旁有點哀怨地吃著蕃茄醬，提出想和東雨的馬鈴薯和平底鍋組合結盟，看著這麼努力的成烈，東雨爽快地說：「OK！」兩人向營地的管理人員借來了能簡單升火的木柴和油，得到幫助且準備著營火堆。點火時還因火勢比想像中的大，兩人一度慌張了起來，像小學生一樣又叫又跳的，但十足野生兒的兩人還蠻能適應的。成烈在營火上熟練地煎起蛋來，但率性的東雨卻將馬鈴薯切塊後順手地丟進成烈的煎蛋中，煎蛋瞬間被毀了的成烈還真是無語問蒼天，這對野生兄弟檔的逗趣搞笑，增添了不少露營的樂趣。

優鉉邊煮著咖哩還邊開起料理教室，當然也將咖哩煮得非常美味，和HOYA兩人像感情很好的情侶般甜蜜地享用著，咖哩的香氣四溢，讓一旁的成員都忍不住聞香前來品嚐，最後大家都不特別在意組別了，全員一起享用著各組的美食，哥哥們也不忘照顧弟弟們，互相餵食著，讓人感覺到 INFINITE 成員之間的情感，真的是相當深厚。

晚餐結束後的中場休息時間，成員們圍繞著營火，此時終於暫停「福不福」的活動了！圍繞著營火，讓成員們紛紛想起學生時期的露營活動，露營活動總會進行三天兩夜，聖圭提起當時會有兩天見不到媽媽，當圍著營火時都會想起家人。而 INFINITE 的成員們就是彼此的第二家人，像親兄弟般的存在，於是便進行 Rolling Paper Time（傳遞訊息時間），也就是讓成員們分別寫出給其他成員的心裡話，以匿名的方式進行。其中有的成員是很真心的、感性的在寫，不過也有人是半開玩笑的在寫，但都是成員們的真心話，玩鬧之間更顯得出 INFINITE 的感情深厚。由寫給忙內成鍾的告白信開始：「雖然身為忙內，但是你很懂事，不過請再多點男子氣概哦！知道了嗎？」為男子氣概不足的忙內擔心的匿名者，是來自充滿男子氣概的 HOYA，成鍾才剛念完 HOYA 就不打自招地大聲笑了。第二則訊息：「成鍾啊！忙內很辛苦！就算聖圭哥讓你受累了，你就忍忍吧！」這時聖圭一聽完立即將臉轉向成烈，準備海扁成烈了，拿著信紙有一下沒一下地猛K成烈。沒大沒小的發言，除了初丁成烈就沒別人了，隊長圭可一清二楚。第三則訊息：「我們已經長大又善良的忙內，你也要再多學習哦。」一看就知道是優等生的聖圭所寫的訊息，幾乎每天都要忙內多多學習，像爸爸般的心態一樣，擔心忙內的學業狀態。愈是念著訊息就愈是發現，匿名好像失去意義了，像家人般相處的成員們，一聽都會知道是誰留的訊息。第四則訊息：「我們的忙內成鍾啊，就算常被哥哥取笑逗弄著，也總是開心地笑著，你真是檸檬糖少年啊！我們永遠的忙內。」如此溫馨的訊息，成鍾一看也知道是和成鍾年齡相仿的L所寫的。第五則訊息：「成鍾啊！我們的成鍾，我知道你因為哥哥們的關係，總是壓力很大。不過，你永遠都是忙內……-.-!!」一看到最後的表情符號「-.-」（表示小眼睛），成鍾立刻就知道是誰：「看看這個-.-（吱吱（韓文念法））一看就知道是優鉉。

似乎不論是寫給誰的留言，好像全部念完就會知道是誰寫的，接著輪到成烈發表：「成烈啊，你的陽光個性真的很好，不要失去這個特色啊……雖然有時太超過了點。」坐在旁邊的成鍾，馬上幫成烈分析這則是聖圭哥寫的，被發現的聖圭也只能傻笑。第二則：「成烈啊，你很帥、也很樂觀，是INFINITE的活力原素啊！不過，你哭的時候很恐怖……-_-!!」一看到表情符號，就知道是不打自招的優鉉寫的。優鉉也自首地用兩隻手指放在眼睛前面做著-_-的表情符號，彷彿宣示著，我就是Rolling Paper 中的南吱吱!!而成烈最後的訊息就比較溫馨了：「你純真率直的模樣很好，會永遠為你應援的，加油！」，看來是由麻吉L所寫的吧。接著是寫給聖圭的訊息：「圭哥，身為隊長很辛苦，你也一直做得很好，請繼續辛苦下去……-_-

!!」看似應援的訊息，又總有奇怪的感覺，看到最後的表情符號，真是讓人覺得又好氣又好笑。第二則訊息：「感謝總是為 INFINITE 著想的隊長，恭禧你剪了頭髮，剪了頭髮好像變年輕了。」剪頭髮需要恭禧的無厘頭想法，讓大家都問號連連。倒底是誰寫的呢？雖然一開頭的溫馨感謝，透露出L的感性，但也許是年齡差距較大，所以才搞笑地寫了後面的訊息吧。聖圭對接下來的留言感到有點意見，因為對最年長的自己使用了「平語」：「YO！你是隊長！我一直相信你！」Rap 感十足，想必是出自 Rap 擔當的東雨或 HOYA 兩人其中之一吧。「一直很辛苦的我們的隊長大人，那個模樣真的很優秀，不管多累都會為你應援的。」真是很溫馨的訊息啊。最後：「現在只要看哥的眼神就能理解。哥！我們 INFINITE 就算是十年也要一起走下去，請一直當我們的隊長吧！」如此完美結束的溫馨訊息，真的是做得很好啊！隊長圭！

輪到L發表訊息，還沒開始讀就知道是誰寫的：「這個是優鉉哥寫的。」因為又發現表情符號。「我們的明洙，我的愛啊！明洙，你是鼴鼠獵人啊……!!」果然又是令現場問號連連的訊息，詳情還請大家回顧霸氣王的「打鼴鼠遊戲」，缺席的 HOYA 也問著：「我不在的時候發生了什麼事嗎？」沒看到L那淡然神態卻打出達人等級成績的霸氣模樣真是太可惜了。接著繼續下一則訊息：「你的眼神深入我心，不僅是女生，也請融化男子的心吧！」感覺是稱讚的好話，不虧是來自聖圭哥真心的稱讚。「L歐吧（女生叫男生哥的稱呼）你太帥了，愛你哦！」到底是誰用

「歐吧」來稱呼L的呢!?也許是忙內成鍾。接著像朋友般真誠的訊息：「L啊^^你長得真的很帥，而有著與酷帥外貌相反的樸實面貌的你，總是能帶給我力量，希望我們的友情永遠不變哦！」同齡的朋友，當然就是成烈囉！L還滿足地擁抱著訊息信紙說：「要帶回家。」呢！終於，輪到「吱吱少年」優鉉了：「優鉉啊！」……「等等！我身旁這位（面向東雨），你的字怎麼這樣寫啊，一看就知道是你啊。」整齊的Rap風格留言，還真難不令人看出來。「經常用心地為了粉絲們，為了粉絲粉絲粉絲。多虧了你讓我學到很多！」笨拙卻真心，東雨純真的性格表露無遺啊。「平常展現的樣子看起來真的很好！請經常那樣對我們笑吧！4號朋友❤」HOYA充滿情感的訊息，讓優鉉都害羞了。「優鉉^^！不論什麼時候都活力十足的樣子真的很好！❤……」說到這裡，優鉉突然笑場說不下去了，聖圭則突然默默偷笑，看來是無法公開的內容，還真令人好奇。

再來輪到東雨發表：「雨後該土壤凝固，就像我們的關係變得更穩固！」，真的是很帥氣的留言啊，而在東雨還沒念完HOYA就急著說，「寫這樣的人好帥氣哦！」L立刻吐糟，「就是你寫的啊！」全員都被HOYA的直率逗笑了。而接著留言的人是誰呢？「吃飯時很辛苦，對吧？但我覺得那樣也很好，同一組感覺很幸福。」看來是晚餐時一起同盟的成烈，這就是真正男子漢間的友情啊！「東雨啊！你經常都笑著啊！但也稍微收拾好你的包包啊，很恐怖耶。也請和社長變得親近一

點吧！」擔心起弟弟們人際關係的，果然還是身為大哥的聖圭啊！東雨是 INFINITE 中和社長關係較不親近的人，再加上「膽量王」時，被社長那樣驚嚇過後，更難修復兩人友好的關係了。雖然東雨表現得很生疏，但是比起誰都純真率直的東雨，相信有一天，一定能深得社長心，和社長變得親近的。

最後輪到本次的「眼病少年」HOYA，即使帶病也努力拍攝的毅力令人佩服，雖然自己還厚臉皮地要大家為他拍手，但 HOYA 真的很努力。第一則是來自微笑男孩的訊息：「即使生病也很努力的姿態 GOOD！」原來是每天都見面的室友成鍾所寫的。接著是聖圭所寫的：「HOYA YAHO HOYA YAHO HOYA HOYA YAHO YAHO 名字真的很可愛的朋友，你很酷！」聖圭本來還裝傻地「啊？」了一聲，真是瞞不了成員。不虧是有默契的兩人，看來寫給聖圭的：「YO！你是隊長！我一直相信你！」八成是 HOYA 了！「HOYA，昌源 HOYA，釜山 HOYA，你真的很帥，HOYA，HOYA，為了將來要做得更好哦！HOYA！HOYA！」不斷地 HOYA 連發，成員們真的相當有默契耶。讓寫該訊息的主人L，都不自覺地起身與 HOYA 擊掌！成員們本來鑾擔心訊息紙條單元會搞砸，但預料外的，都展現出成員們更深厚的情感故事，到最後都還是暖洋洋、開開心心的。雖然有搞笑逗鬧，尤其是聖圭，還理直氣壯説是真心的呢！不過就是感情好才能這樣率直地玩鬧説笑，真摯度百分百的 INFINITE 啊！真誠的表白過後，是更親近彼此，更走近彼此心裡的最佳夥伴、親人。

幸運鑰匙獲得數量中途統計：聖圭、成鍾各二把鑰匙；HOYA、優鉉、成烈各一把鑰匙；東雨、L依然維持零把鑰匙。溫馨的中場休息結束後，「幸運王」的最後一個環節是「KTV福不福」，加碼的最後一個遊戲是由自己隨機輸入號碼後，演唱機器所選出的歌曲，唱出最高分者就能得到三把鑰匙，反敗為勝的大好機會。選擇順序第一位：L選到的歌是「趙PD（伴唱．仁順伊）」的「朋友啊！」東雨主動說要幫忙伴唱。L的悦耳主唱加上東雨的Rap，出乎預料之外與曲子非常搭配，L得到了91分。下一個參賽者是成鍾，他選到的歌是：韓國兒歌「小恐龍．多利」，為了幫忙內加油，哥哥們都站起來為忙內伴舞炒熱氣氛，成鍾的得分數為85分。成烈說：「想拿高分，無條件就是要大聲！」，成烈選到的歌是：「紫色香氣」，一開始甜蜜嬌嫩的可愛模樣，讓L說他好像小孩，成員們都說著想擁抱他。成烈的清純姿態，歌唱得好像會讓姜秀芝（「紫色香氣」的原主唱者，韓國九十年代當紅玉女歌手）也哭著離開的優秀歌喉！分數比想像中的高，得到91分。緊接著挑戰的是優鉉，這可說是INFINITE主唱華麗的反轉！他選到的歌是：無限軌道的「為了你」，獲得92分。目前優鉉暫居第一名。

即使是晚上也得戴著墨鏡的男子漢HOYA雖然看不清楚歌詞，但仍堅持挑戰，他選到的歌是「愛之詩」，當HOYA唱到歌詞：「這首歌意味我深愛著你」時，L說：

我愛 INFINITE

「這部分我喜歡」，優鉉則呼喊著：「5號朋友」。HOYA 邊唱還邊牽起優鉉的手，深情地對優鉉唱著情歌，讓優鉉害羞的不知所措，但仍配合著 HOYA，直到成員們都紛紛表示太肉麻了，要優鉉快回座。而 HOYA 情歌唱得真的很好聽，拿下了90分！

聖圭抽選到的歌曲是，任宰範的「苦海」，是一首需要有粗獷狂野男性嗓音來消化的高難度歌曲。L還說，這首偏偏還是女生們最討厭在 KTV 中聽到的歌曲第一名。雖然難度超高，但成員們都相信聖圭隊長辦得到！眾望所歸，一開始就以充滿感染力的聲音，展現與原曲不同魅力的「圭宰範」，真不虧是 INFINITE 的第一主唱，每次聽聖圭唱歌都會覺得為歌曲加分許多，甚至還會不由自主地深陷其中！聖圭以自己的 Style 成功完美地消化「苦海」這首高難度的歌曲，果真得到了100分滿分！得到加碼的三只金鑰匙，聖圭也不再是「墊底圭」了，成為得到兩次序列王的「冠軍隊長圭」!!

從一開始的不安，到八個主題的序列排名，讓大家更深入了解 INFINITE 中各式類別的排列順序，有歡笑、有淚水、有緊張、有恐怖，也有感人的，而本次主題為最後一次的挑戰。雖然很不捨，不過 INFINITE 當然不僅僅如此，他們永遠不會停下腳步，今後也將持續為粉絲們展現更多不同面貌的 INFINITE。

◆序列王總結：頒獎典禮＋精采回顧（INFINITE 序列王 EP14 & EP15）

隨著「序列王」的所有排名比賽結束，精彩節目也終於到了尾聲！製作單位還特別煞費苦心地為 INFINITE 舉行了頒獎典禮，還頒發其他特別設立的獎項！整個典禮看起來很正式也很有模有樣，不僅有豪華加長禮車接送，甚至還有星光大道讓成員們走紅地毯，還果真是比起炎炎夏日還要更火熱的大勢偶像 INFINITE！

INFINITE 穿西裝的樣子非常帥氣，首先登場的是面對攝影機連續不斷搶拍，仍報以微笑的「新手 MC」優鉉；接著是 INFINITE「序列王的英雄」聖圭，他穿西裝的身型比例特別好看，還帥氣地送了個飛吻！然後是透過序列王重生的「即興演唱界璞玉」HOYA，他可是 INFINITE 的體育 Idol，即興地在紅毯上跳了一下麥可．傑克森的招牌舞步，不虧是舞蹈機器，非常地有魅力。接著是檸檬糖界的「巨星忙內」成鍾，哥哥們即興的 POSE 指導實在讓他很尷尬，但善良的忙內仍順著哥哥們。稍微留長了的頭髮而魅力大增的「Lucky Guy」成烈，修長的身材穿起西裝來真是標準的又高又帥啊，可惜個性比較像搞笑藝人，別讓他開口才顯得氣質出眾。徐徐現身的是 INFINITE 門面擔當，時尚化身的面孔「On Top」L！以及無法預測、擁有純真和帥氣反轉魅力的「Man Boy」東雨。

以重新排列偶像獨特風格所開始進行的 INFINITE 序列王，進行了整整三個月的拍攝時間，近85天期間的 INFINITE 序列王節目播放。一開播就登上韓國搜尋榜第一名，成為了熱門話題。在「序列王」製作單位在頒獎前，首先播放由觀眾選出的「最佳瞬間」前三名的片段。

第三名的畫面是：隊長圭激烈地直喊著：「ㄴㄴㄴㄴㄴㄴ」。L表示：「既使在平時也經常發火的隊長聖圭哥，在序列王中時，偶爾也有很多不能明目張膽發火的時候，那樣的聖圭哥的憤怒到達極限的時刻就是……」在「知識王」中，大家答不出L媽媽第七個兒子是誰時，「聖圭哥歇斯底里地叫著L名字。」之前不管L有多大的錯誤，聖圭都不曾這樣憤怒地叫過他的名字。聖圭說：「你們又不是傻瓜，真是的！」，這麼簡單的問題還要靠隊長圭才能解決，但確實在 INFINITE 中，聖圭的智商算是非常不錯的，所以才能讓弟弟們乖乖聽話的吧！

第二名的畫面是：在鬼神面前崩潰的東雨。「啊！真的很討厭這樣啦！」、「啊！真的不要這樣啦！」、「走開，到一邊去，再別靠近我了。」HOYA 表示：「哎古莫尼那~平常在舞台上自在飛翔表現魅力的華麗獅子東雨哥到哪裡去了呢？」，在「膽量王」中的東雨，任何再細微的風吹草動都能嚇到他。事後東雨仍堅決地表示：「不要再那樣做了，對精神狀態不好，真的不要再做了啦！」

第一名的畫面是：Super L 的悲哀，打扮成 Super Man 的 L。讓不論在何時何地都是門面擔當的 L 穿著超人服，真的讓 L 欲哭無淚啊。但聖圭表示：「為何在 L 穿著超人服裝的同時，仍能感受到 L 容光煥發，這種讓人感到不悅的真實感到底算什麼……」不過話說回來，因為透過序列王，成員們也展現出了很多不同以往的模樣。

緊接著就是頒發序列王獎項的時候了。有模有樣的頒獎典禮，由可靠乖巧的忙內成鍾主持，第一個獎項是《Action 王》，現場也播放著入圍者候選人的精采短片，緊接著來看入圍候選人吧。

Action 王候選人：張東雨「High tension dance machine」（高激烈度跳舞機器）

Action 王候選人：李成烈「初丁界的 Action Hero」他還稱讚自己裸露上身的身材還挺好的呢！

Action 王候選人：南優鉉「偶像界的 Heart 財閥」。

Action 王候選人：L「門面擔當的四次元 Action」，「幸運王」中的 Super L。

得獎的是東雨，除了獎座，還得到一個獎品「Atction 面具」。還被要求要戴著發表得獎感言，而東雨也感性地說：「真的很感謝從第一集到現在受苦的 INFINITE 成員們！無論何時，我都會用 High Tension 來配合大家的。謝謝！Fighting！」

第二個頒發的獎項為《流行語王》，由 HOYA 擔任主持，究竟在序列王中留下最多流行語的成員是誰呢？

流行語王候選人：金聖圭，常常流露不滿神情的圭隊長，他常在節目說：「我要結束這噁心的遊戲」、「肉麻的遊戲現在停止」之類的話，直接又不做作的樣子真的很討人喜歡，但為什麼還是常常被弟弟們欺負呢！

流行語王候選人：HOYA「哎古莫尼那（哎呦喂啊！）」。

流行語王候選人：李成鍾「Smile 少年的襲擊」，還記得「流行王」中，成鍾那令眾人笑趴在地的僵硬「Smile Pose」嗎！

得獎的是 HOYA，他同時擔任主持、頒獎、獲獎，還真是忙碌的「流行語王」，同樣除了獎座，也另有獎品「大聲公」。擔心場面都只有他一人會顯得尷尬，成烈還特地上台獻花，HOYA 的得獎感言是：「真的非常感謝製作團隊。」

第三個頒發的獎項為《出槌王（搞砸王）》，由聖圭擔任主持，魅力擔當的隊長大哥帥氣登場。當聖圭才說了開場白，就被成烈吐嘈：「喔！表情好像又有不滿哦！」聖圭則以眼神瞄了成烈一眼後，若無其事地繼續進行主持。而當他說到「《出槌王》的形象好像不太好時，成烈似乎有點小小受傷的樣子。因為說到不計形象，毫不保留地為藝能獻身的人，第一位聯想到的當然是初丁成烈啦！入圍名單為下。

出槌王候選人：李成烈「出槌角色界的藍色海岸」，利用完美身高的身型展現各種 POSE，總是不計形象的搞砸良好的身型模範形象，或是現場正經氣氛。

出槌王候選人：南優鉉「角色界的雲霄飛車」，「時尚王」中，原本盼望能加分的補充說明「其實我的嘴唇就像櫻桃！」，意外地成為扣分項目，還真的搞砸了。

出槌王候選人：張東雨「無視19禁的正版搞砸角色」，「頭腦王」中，將標靶貼紙貼在胯下；還有「膽量王」中在玩吐西瓜籽比賽時，竟然完全不顧形象地吐得滿臉都是籽。

得獎的是：成員們心裡所想的那一位！眾望所歸，《形象毀滅王》李成烈！為了節目效果，奉獻形象犧牲自我的藝能精神值得佳許！而獎品竟然是將形象毀滅殆盡的「禿頭假髮套」，更驚人的是本人似乎很喜歡!?戴上「禿頭假髮套」的成烈，惹得現場爆笑連連，優鉉還幫忙請求著不要播放出去啊！這真的是毀滅形象，完完全全的搞砸了！而成烈認真的説著感言時，成員們爆笑都來不及了，根本沒注意聽他説什麼。但成烈真摯地表示，無論形象如何，他仍會努力做好的。真的是非常敬業，即使是《出槌王》的形象，也是很帥氣的，身體力行才是真正的藝能人，成烈贏得了所有人的掌聲，實在了不起。

當頒獎點禮進行到一半時，畫面先穿插到了江南區的某一家咖啡廳裡，製作單位播放了一些幕後花絮的片段。因為成員們在節目播出後都抱怨，怎麼自己的放送量這麼少呢？不過成烈表示在第一個主題時，「序列村」中的拍攝現場一直維持酷酷形象的他說：「在第一集的時候，我什麼也沒做，就那麼待著，不過就算是那樣也比L的畫面還多！」L這才反應過來說了，「就是說啊！」但也被注意到他正戴著墨鏡，原來也感染了眼病，希望大家也要多多小心注意。接著回到正題，從第一個主題開始，先來揭曉用檸檬糖數量所選出的INFINITE最佳人氣王，節目播出後最讓觀眾好奇的問題「最後每個人10顆糖，到底各別給了誰？」，連成員都不清楚自己各別得到誰的檸檬糖，「墊底圭」是怎麼誕生的？隨著幕後影片的公開，答案揭曉囉！

1. 成鍾得到34顆糖果，分別是：聖圭給了7顆、東雨給了3顆、優鉉給了7顆、HOYA給了7顆、L給了5顆、成烈給了5顆。
2. L得到10顆糖果，分別是：東雨2顆、成烈4顆、成鍾3顆、HOYA 1顆。
3. 東雨得到7顆糖果，分別是：優鉉2顆、成烈1顆、HOYA 1顆、成鍾1顆、L2顆。
4. HOYA得到6顆糖果，分別是：聖圭2顆、東雨2顆、L1顆、成鍾1顆。
5. 優鉉得到5顆糖果，分別是：聖圭1顆、東雨3顆、成鍾1顆。

6.成烈得到5顆糖果，分別是：L1顆、東雨1顆、成鍾3顆。

7.聖圭只得到4顆，分別是：優鉉1顆、L1顆、HOYA 1顆、成鍾1顆。最後發現原來東雨和成烈連1顆糖都沒有給，聖圭說：「還真是沒想到是這樣！」

擔任MC的優鉉，在影片播放後，問了成鍾一個有點「傷腦筋」的問題。「一開始排名最後一名的成鍾，最終在哥哥們的投票中拿到第一名，當時的心情是怎樣？」真是那壺不開提那壺，原本一開始是粉絲票選人氣度才會那樣，成鍾只能無奈回答：「你是想讓我怎麼樣？」引得現場哥哥都鼓掌歡呼忙內回得好啊！還繼續反彈說著：「優鉉主持好像很無聊耶，有多無聊呢，無聊到讓L哥拿桌巾摺紙鶴了呢！」HOYA則吐槽說：「應該把L送到研究外星人的節目去。還真是一位特別的朋友。」

幕後花絮就先到此暫停，繼續令人引頸期待的頒獎典禮。接下來頒發的第四個獎項是《虛張聲勢王》，由東雨擔任主持。所謂虛張聲勢，就是沒有內涵，只有外表刻意誇大聲勢。東雨才說到一半，台下聖圭和HOYA就開始互指著對方。究竟《虛張聲勢王》是誰呢？照慣例，來看看入圍名單吧！

虛張聲勢王候選人：金聖圭「自稱是 INFINITE 大腦的隊長」。

虛張聲勢王候選人：HOYA「HOYA 火花男人，化身為HO寶貝」，雖然說不怕鬼神，卻在鬼神前被嚇得喊媽媽，請媽媽幫忙開燈呢。

虛張聲勢王候選人：南優鉉「充滿操練的虛張聲勢王」，說著我絕對不會被嚇到的，但仍掩著耳朵大喊呼叫「啊！」。

得獎的是：金聖圭。展現了最讓人渾身起雞皮疙瘩的虛張聲勢的聖圭，所得到的獎品是，名副其實的虛張聲勢「虛構的巨額鈔票」，鈔票人像的部分還換成聖圭的大頭圖像。得獎感言：「各位都看好我的話就很感謝了！」

接著是MC潛力股「南MC」之稱的優鉉主持，即將頒發的第五個獎項是《精神崩潰王》，最近韓國的流行語《精崩（精神崩潰）王》，意指精神無法振作。入圍的成員有誰呢？

精神崩潰王候選人：張東雨「高激動情緒的精神崩潰發射！」INFINITE的維他命，無時無刻都維持著高度情緒反應的活力原素。

精神崩潰王候選人：金聖圭「體力和精神力都受盡創傷」，和女鬼挑戰無數次的雙人跳繩，到達體力極限、無可奈何的崩潰。

精神崩潰王候選人：L「精神崩潰 To the L Cos 解除」，無法接受預想排名為最後一名、第一個抽選還抽中緊身超人裝，都讓L無法理解地直呼為什麼，實在是太令人崩潰了。看了回顧影片後，三位候選人選況競爭激烈。

得獎的是：L！看來今天似乎還沒有「L Cos 解除」，精神崩潰王的獎品是「氧氣吸呼筒」，請打起精神吧！L的小粉絲成鍾，也上台獻花給他。發表得獎感言時，L大大的嘆了一口氣：「唉……首先，我做夢也想不到會在這頒獎典禮上台領獎，說真的……INFINITE 序列王很有趣！」聽起來似乎有點帶刺，聖圭接著吐糟說：「還真是暗藏許多意思啊。」L接著說：「我有重大發表。我從此不會再讓大家看到『L Cos 解除』的樣子了。」果然是重大宣言啊。說完的L下台前還說了：「嗯，我走了。」成員們聽了都大笑，「哈哈哈！但你才說了宣言，就馬上讓我們看到了『L Cos 解除』，可怎麼辦哦！」其實不論解不解除，大家都愛全部的L。

精采的幕後花絮又來囉！序列王中最在意的事，以及最終沒有播放卻好想知道的事，第二個令人好奇的問題是「在『時尚王』中成員間的時尚品味服飾大公開」，粉絲們表示，在「預告當中，無預警的突襲 INFINITE 的宿舍，說是時尚揭露戰，有看見成員們各自展時尚品味服飾的片段，但播出後的放送量實在太少了，發現並沒有完整的公開！」於是本次將毫不遺漏，一一公開！「INFINITE 的時尚揭露 X-File」。

一開始被剪輯掉的片段，即是聖圭的豹紋時尚，L真的無法想像，怎麼會有人連行李箱都是豹紋的？太過華麗了，一點都不適合聖圭。接著是成烈爆料優鉉的服飾，拿著優鉉的正紅色運動褲，由於每個人都有自己適合的顏色，但優鉉不顧是否適合自己，就自信滿滿地穿回來，成烈直說著他無法接受；下一件單品更誇張了，居然是飯店用的浴袍！而且還是去日本時偷帶回來的（這是不好的行為，不要學習哦！），優鉉還真的在每天早上洗完澡之後就會穿出來，成烈抱怨：「你有什麼可以展現給我們看的嗎？你有的我們也有啊！」真是自我感覺良好、令人難堪的浴袍，優鉉根本就是真正的時尚恐佈分子啊！

還有，除了忙內成鍾爆料的優鉉的神奇厚底鞋，還有被剪輯掉的服飾單品。一件灰底色，上面還充滿像是「黃色封鎖線」圖樣的超寬直筒長褲，居然是和厚底鞋一起搭配穿著的。優鉉也許是不好意思，還出聲提醒成鍾不能拿別人的衣服開玩笑，善良的忙內於是幫忙整理說明：「好吧！也許是有點想找到屬於自己 Style 的感覺吧」，優鉉則像是豁出去般自己承認：「不是因為 Style……而是因為身高啦。」還裝可愛地要製作小組將這段剪掉呢。

接著是時尚界的紫色「天線寶寶」ΗΟΥΑ！除了放送部分公開的單品，原來連行李箱也是紫色的，在忙內撒嬌尋求贊助之下，才將行李箱公開的ΗΟΥΑ，真的完全是紫色愛好者，誰也阻止不了ΗΟΥΑ對紫色的愛。而在「幸運王」中，ΗΟΥΑ向優鉉發送愛心，以及深情款款地對他唱情歌，到底這份情感是何時開始的呢？原來

是在「時尚王」中，HOYA 給了優鉉黃色時尚星星開始的呢。

被成員們評為最無時尚感的L，以完美的外貌獲得「時尚王」稱號。明明說過不會再展現『L Cos 解除』了，居然還帥氣地從口袋抽出黑色手帕耍了耍，成員們看了都笑翻了，真是無法預測行動，而本人似乎也不太有自覺。這樣的L令人好奇的是，究竟在開場時，唯一不是穿著私服的L，原本到底是穿什麼樣的衣服呢？開場前的畫面大公開！L居然穿著完全休閒狀態的長T恤和七分短褲，連自己都急忙說著：「不是開玩笑的，真的不要拍現在的我。」雖然說著不要拍攝，但是日後卻在「機場時尚」中穿著出門了，在演唱會的預演現場也穿了。被說成是「黑色插秧裝扮」的 Style，究竟是L還是明洙的時尚風格呢？L被評論得無話可說，只能承認：「都是自己的風格啦。」看在那無力反駁的可憐樣子，大家就饒了他吧！

再來就是「扮鬼的社長大人」，有沒有收取「錄影酬勞」呢？在聖圭的爆料之下才得知，當天是社長自願參加的，事前並沒有收到成員們的任何訊息，只是剛好得知 INFINITE 這群「孩子們」在拍攝「膽量王」，於是突然前來參加錄影，連製作小組也被社長的登場嚇到。而社長其實是很有趣、很愛開玩笑的人，並不是想要上節目露臉，是真的為了嚇嚇 INFINITE，一整晚都耐心等待著，當成功嚇到第一人那種喜悅感令社長非常開心。最後製作小組明確地說明了「社長是自己跑來的，所以也沒有給他任何酬勞」，完全是義務勞動的演出。

「體能王」中，HOYA和成鍾的瞪眼對決，由於時間限制，最終以平手收場。但大家仍好奇，到底誰才是真正的冠軍呢？勝負欲被激起的兩人，決定現場再對決一次，最後勝利者是成鍾。但哥哥們似乎輸得不情願，依舊逗弄著忙內成鍾，要他再擺出那經典的「拋媚眼」的動作，成鍾雖然百般不願，卻也順著哥哥們了，再怎麼樣的要求，都是哥哥們疼愛忙內的表現啦。

「人氣王」中，聖圭被弟弟們用非敬語圍攻時所說的：「不要戳我，知道了啦！」那不甘願卻服從的話語，是真心？還是假意？「頭腦王」中，聖圭真的體力不好嗎？被弟弟們叫他「墊底圭」時，真的不生氣嗎？就算拍攝結束後仍叫他「墊底圭」，聖圭也沒任何表示嗎？「體能王」時，體力差的聖圭隊長被懷疑起年齡，被弟弟們圍攻的隊長！隊長圭被吐糟得啞口無言，說話結巴的樣子是不是只有在節目中時才那樣，一離開鏡頭是不是就變樣了呢？等這類對於聖圭隊長真面目的留言訊息非常多。究竟聖圭有沒有欺騙過大家呢？現場展開了「聖圭的聽證會」。

問題一：平時在INFINITE中，隊長圭的形象是如何呢？

成鍾表示：「蠻可怕的，不管怎麼說都是隊長，又比我大四歲……」聖圭一聽

完就立刻用帶點怒氣的語調反問：「你覺得這樣的哥哥很可怕嗎？」成鍾還真的一時被聖圭的氣勢嚇到，急忙尋求其他哥哥們的幫助。HOYA 急緩和說：「成鍾啊，待會兒拍攝完趕快回到車上吧。」成鍾只好點點頭表示贊同。

問題二：聖圭不是有很多綽號嗎？都是哪些綽號呢？能向大家說說嗎？

聖圭回答：「圭力氣」、「爺爺圭」、「老人家」。HOYA 補充說：「雖然有了這些，但在我們成員之間也有一個常叫的綽號『金科長』，因為講話時總是很誇大、誇張，所以叫『金科長』（韓文中誇張和科長的發音一樣）。」在其他綜藝節目中，還爆料聖圭過度誇張說成員們都排擠他，在現場被成員質問著，是否有誇大事實？為了自己的樂趣，出賣了成員。聖圭聰明的裝糊塗：「記不得了！」，居然用這種方法混過去了，真不虧是隊長圭！

問題三時，東雨像盯上獵物般，嚴謹地問著：「以求得成員們的原諒為名義，有買過好吃的東西給我們嗎？」在「膽量王」中的審判中，聖圭說他為成員們買過很多好吃的東西。那到底買過什麼呢？優鉉提問：「買過第一等級的韓牛嗎？」聖圭又再度反問：「那你們有買過嗎？」但弟弟們仍不滿地說，在某節目中明明承諾要買了，要誠實地實行才對啊！聖圭反駁：「我是沒買啦！但是在國外公演的前一天，我有買排骨做為前提，原本是要接著買韓牛的，但是沒時間……」邊說著邊比手劃腳的聖圭，看上去相當地不安。被眼尖的弟弟們看出來，那明明是為了懲罰聖圭才要他買韓牛的，居然說得像是為了讓弟弟們吃好吃的才買了五花肉，這算是什麼啊！「所以我才又買了排骨啊。」聖圭的辯解讓大家都快聽不下去了。成鍾又繼續提到：「對了，聖圭哥還曾要我買東西給他。叫我買鈣片和咖啡，還說下回換他買咖啡給我。」最後似乎也沒買給弟弟，真是無話可說了。這樣也行嗎？責備聲四起，讓聖圭又不禁想反駁了。仔細想想，雖然聖圭沒有一次讓每位弟弟們都吃到好吃的東西，但每次一起外出時，他都不曾讓弟弟們花過錢，全都是自己買單，其實是一位非常照顧弟弟們的哥哥，東雨說：「既然都有讓聖圭哥請客了，我們就不要再為吃的吵架了。」，讓弟弟們的圍攻總算是告一段落了。

最後一個問題：對於隊長圭來說，INFINITE 是？

聖圭真摯地回答：「INFINITE 是家族般的存在。」那對 INFINITE 來說，聖圭是？HOYA 直爽地回答：「對 INFINITE 來說，聖圭是『錢包』。哈哈，開玩笑的啦，總歸一句話，聖圭真的是『Leader』，永遠的『Leader』。」成鍾說：「這樣好的『Leader』不容易找啊。」讓大家都為聖圭鼓掌，成鍾也接著整理說明：「但是啊，其實我們在節目中，為了能更搞笑一點，確實是誇大了對聖圭哥的意見，希望觀眾們不要誤會。」HOYA 說：「我們是為了有趣，才開玩笑地圍攻聖圭……」聖圭補充「是為了遊戲吧！」但其實 HOYA 還有一句被聖圭搶話：「其實我們在宿舍裡動彈不得」，

居然完美地再次圍攻聖圭。但也多虧了圍攻聖圭哥，才能帶來這麼多歡笑及愉快的氣氛，真是托聖圭的福。

到目前為此的花絮公開，大家還滿意嗎？緊接著請再繼續鎖定 INFINITE 的頒獎典禮，還有更多讓觀眾意想不到的獎項會繼續頒發！第六個獎項，再度由 HOYA 來主持，獎項的名稱為《悲哀王（悲傷王）》，也就是忍受其他成員私利且默默忍受委屈者。來看看入圍名單吧！

悲哀王候選人：李成鍾「官方悲哀的 ICON（代表圖）」，忙內傷心的眼淚沒停過啊。總被壞心的哥哥們欺負逗弄著。

悲哀王候選人：金聖圭「好玩的遊戲之圍攻圭」，弟弟們為了排擠隊長圭，互相開著玩笑，對隊長不尊重，一直吐糟他。雖然受到很多指責，但因為很有趣，所以聖圭也沒生氣，默默地接受。

悲哀王候選人：李成烈「不計形象招惹大慘事的悲哀」，因為對時尚的莫不關心，自毀形象的成烈，導致受到評審的指責和怨言，無法利用身型優勢的悲哀啊。

得獎的是：李成鍾。忙內平時真的受到很多壓力啊，實至名歸。L還搞笑的準備了「死亡筆記本」，誰讓你悲傷，就將名字進去吧。另外兩位候選人也上台將花束送給成鍾，大概是因為身為讓悲傷者傷心的始作俑者悲憫心使然的關係。成鍾的得獎感言：「真心感謝製作小組和觀眾們能體會到我的悲傷，如果有不聽話的人或是讓我傷心時，我一定會寫在筆記本中的，謝謝大家。」

第七個獎項，由《出槌王》成烈擔任主持，甫出場便被L吐糟：「是搞形（搞砸的形象）」，兩人逗趣的互動真的很搞笑。此回為頒發《戰略王》獎項。原來是針對第一回「人氣王」中，男人對男人那令人感到肉麻的作戰方式，到底是誰的技巧更勝男性追求女性呢？來看看入圍名單吧。

戰略王候選人：L「只對7號成鍾好感一直線的向日葵戰略男」，非常照顧著成鍾，細心又溫暖的表現，令人不得不心動。

戰略王候選人：南優鉉「愛心王子，戰略的巔峰」，除了他還有什麼能稱為戰略呢？戰略王子，滿滿愛心的戰略，雖然讓人感到有負擔，卻也是真心誠意的。

戰略王候選人：金聖圭「年度大勢，壞男人」，完全抓住冷酷6號HOYA的心之外，還不斷挑弄7號成鍾的壞男人啊。還有為了答謝女鬼的辛勞，擁抱了女鬼。

戰略王候選人：HOYA「抓住優鉉的強力火花男子」，「人氣王」中，在3號聖圭和7號成鍾被安排外出時，還特別提醒3號聖圭不要忘記他的心意。也在「幸運王」裡不斷對優鉉發射愛心，完全抓住優鉉的心。看了令人肉麻兮兮的戰略，最終得獎者會是壞男人的聖圭，還是操控成功的HOYA呢？

得獎的竟是：共同得獎——優鉉和 HOYA。展現了最為華麗戰略計劃的兩位，最適合以合為一體的情侶方式共同獲獎，獎品也應景的是一對的「情侶裝」。發表得獎感言的兩人都說，他們才沒有在作戰用什麼戰略呢，都是真心的。換上情侶裝的兩人再度登場，大家都稱讚十分相配呢！

光是登場，就引起全場歡呼的門面擔當 L，還拿著「氧氣呼吸器」上台，看來是『L Cos 解除』的狀態吧！第八個獎項為《獵照王（獵奇照片王）》，當 L 說著：「這個獎項由我 L 來為公布。」聖圭在台下高呼著：「好帥哦！是明洙，明洙。」L 立刻反駁說是：「L！我是 L！」場面煞是搞笑。該獎項由 L 來頒發再適合不過了，平日愛拍照的他，相機裡也滿滿都是成員的獵奇照呢！那麼，最具衝擊性獵奇照的成員是誰呢？趕緊來看入圍名單吧！

獵照王候選人：李成烈「具衝擊性獵照王三件組」，「時尚王」中不適應飛鼠褲，擺著奇怪肢體姿勢的成烈；「體能王」中，瞪眼對決不計形象的鬼臉；肺活量比賽中，躺著吸飲料造成飲料流滿臉的窘況，還真不虧是「搞砸形象王」啊。

獵照王候選人：L「被上天拋棄的超人的悲哀」，真的是被上天拋棄的 INFINITE 門面啊。

獵照王候選人：南優鉉「花仙子的降臨」，即使身著女裝也怡然自得的愛心王子。那意外適合的姿態，真的蠻獵奇的。

公布完入圍名單後，候選人和其他成員都笑到飆淚了。L還請成烈再為大家展示一下獵奇的表情。成烈正經的回覆：「不要！」，L也不浪費時間：「好吧！」乾脆地接受拒絕。緊接著公布得獎者囉！在公布之前，還先展示了獎品是「拍立得相機」。但成員們都猜想著，真正的獎品，該不會是用拍立得現場拍一張照片吧！

得獎的是：李成烈！繼《出槌王》得獎，又一項因形象毀滅而得到的獎項。得獎感言：「首先，因為這是我獲得的第二個獎，所以真的感到很榮幸，以後我也會擺出更多獵奇的表情，然後利用拍立得相機，存下更多我獵奇表情的照片。」由於獎品真的是「拍立得相機」，優鉉有點羨慕地就要求成烈現在就拍一張獵奇照來瞧瞧。野心滿滿的成烈，戴上禿頭假髮，身體力行地立刻拍了照認證《獵照王》！

最終的獎項是《反轉王（逆轉王）》，由優鉉來主持。尋找 INFINITE 最優秀的成員，展現最大反轉的成員是誰呢？接著來看入圍名單吧！

反轉王候選人：李成烈「初丁的知識王攻頂」，總是展示幼稚初丁形象的成烈，意外的熟知許多小知識，也很會耍小聰明。

反轉王候選人：李成鍾「從非好感到最好感的人生逆轉」。

反轉王候選人：金聖圭「逃離末位 ICON」，一不小心末位連冠的聖圭，被取綽

號「墊底圭」，但在膽量王和幸運王皆一舉反敗為勝，大逆轉。

得獎的是：INFINITE的大勢代表——聖圭！展現逆轉完美表現的聖圭，最好、最相稱的獎品，就是「什麼都沒有」。「反轉王」的獎品就是沒有禮物，不就是最大的逆轉嗎！得獎感言時聖圭表示：「我最後不是連續得了二次冠軍嗎？但其實我全部都能做到，只是我想讓你們而已，如果我都拿第一的話，那節目還有什麼意思呢？」但台下的成員們聽了都很不以為意，但都不想表示什麼。不過一旁的優鉉實在是聽不下去了，於是爆料：「在『體能王』時，HOYA不是得了冠軍嗎？那個時候，這位（指聖圭）本人跟我說，『讓我得第一吧，你趕快把HOYA打敗，讓我得第一』」而大家也都一副了然於心的表情，就讓聖圭哥好好神氣一下也沒關係。「在進行序列王時，真的都展現了許多不同於平常的面貌，能獲得最後一個獎項真的非常感謝，也擁有了許多很美好的回憶。現在這個令人有點膩了的遊戲真的要結束了，但在那段期間真的很快樂，謝謝！」最後在聖圭溫暖的感言中，結束頒獎典禮。

不知不覺節目進行了15集，HOYA不捨地眼框有點泛淚，聖圭表示：「對INFINITE來說，序列王是非常有趣的冒險。不是由別人打給自己的分數，而是靠自己努力，來定訂的序列，是為了更了解自己所做的冒險。」；成鍾表示：「拍攝期間非常開心，以後也請多多指教！Smile～」比起離別的眼淚，用讓大家歡笑的

我愛 INFINITE

「Smile～」來完結，不虧是 ON TOP 忙內啊！HOYA 總結：「希望各位觀眾，在各自人生的序列（順序）裡，也能成為第一，謝謝大家。」INFINITE 及製作小組們也都辛苦了。在看完所有的「序列王」的影片後，真的可以深深體會 INFINITE 的真摯情感，以及他們不斷努力的奮鬥姿態，還有他們之間如同家人般堅不可摧的情感！勇於了解自己不足，且更加努力補足，這些大男孩們往後會有怎樣的發展與際遇，就讓我們拭目以待吧！

216

INFINITE

第十章
精采收錄

★綜藝節目經典花絮、成員們的私下生活趣事全收錄★

★KIM SUNG KYU
★CHANG DONG WOO
★NAM WOO HYUN
★LEE HO WON
★LEE SUNG YEOL
★KIM MYOUNG SOO
★LEE SUNG JONG

【第十章】INFINITE★精采收錄

◆INFINITE迎接新的家庭成員

近期INFINITE有件值得開心的事，在節目錄製時，製作單位為INFINITE迎來了INFINITE的家庭新成員，豆腐（두부）、鍋巴（누룽이）、KoKo（코코）三隻狗兄妹，成員們都開心地緊抱著牠們。一起生活、一起坐車，去美容院做頭髮的時候也一起，隨時隨地總是帶在身邊，就連「2011首爾海外記者俱樂部．海外宣傳獎」也一起領獎了呢！就算不是錄「自由宣言星期六．家族的誕生」的節目，豆腐、鍋巴、KoKo三隻狗兄妹也一同演出了呢。

還有一次INFINITE應邀拍攝雜誌及畫報，來到了知名攝影師朱永軍（주용균）的攝影工作室，如影隨行的豆腐、鍋巴、KoKo三隻狗兄妹，當然也一起來到拍攝現場為哥哥們應援，拍攝工作結束後，優鉉還提議、並且拜託朱永軍攝影師拍攝【家族照】，朱永軍攝影師也非常樂意地欣然同意，大伙兒急忙擺好姿勢。「咔擦！咔擦！」「家庭新成員」認證！

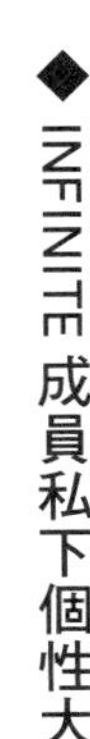

◆INFINITE 成員私下個性大解析

韓流雜誌 KStar 的專訪：

①INFINITE 成員私下個性如何？成員們又是如何看待彼此呢？

【聖圭】

性格：「雖然我的年紀最大，但其實並不太適合當隊長。」

座右銘：「彼此互相扶持地走下去！」

最不聽隊長話的是：「成鍾，忙內很可愛，但有時卻很可怕。」

最會聽隊長話的是：「L，最常傾聽別人的話，但也只是聽而已。」

如果跟成員喜歡同一個人的話：「我是以友情為優先，所以會選擇『愛過對方，然後放手吧！』」

成員中誰像戀愛高手：「東雨，看起來很老實，但有純粹的魅力。」

【東雨】

性格：「常常自己想做什麼就去做，讓其他團員有些頭痛，但還是改不過來。」

座右銘：「好的東西就是好！好的標準由自己決定！」

在團體中扮演的角色：「用身體唱歌！用舞蹈表現情感！」

如果跟成員喜歡同一個人的話：「相信對方（成員），自己會退讓。」
成員中誰像戀愛高手：「優鉉。擁有著讓人無法討厭的魅力。」

【優鉉】
性格：「是個很喜歡幫助別人的人。」
座右銘：「誠實的面對一切。」
如何管理身材：「如果午餐吃太多的話，晚上就吃少一點，每餐都會調整。」
成員中誰像戀愛高手：「成鍾。感覺像是壞男人。」

【HOYA】
性格：「看起來雖然很Man，但是唱起歌來卻很純真！」
座右銘：「世上沒有不可能的事！」
歌、舞、Rap最喜歡的是：「全都喜歡。」
如果跟成員喜歡同一個人的話：「會尊重女生的選擇！」
成員中誰像戀愛高手：「優鉉，沒有原因，感覺就是他。」

【成烈】
性格：「無論台上或台下，都是一模一樣的人！」

座右銘：「沒有解決不了的事！」
如果跟成員喜歡同一個人的話：「當然是搶過來啊！」
成員中誰像戀愛高手：「東雨哥，他對感情是非常忠實的。」

【L】
性格：「怕生，所以容易被人誤解很冷酷，認識了以後就會知道我很隨和！」
座右銘：「活在當下。」
如果跟成員喜歡同一個人的話：「自己會主動放棄，因為不想破壞友情。」
成員中誰像戀愛高手：「優鉉，很會撒嬌，很受女生們的歡迎。」

【成鍾】
性格：「開朗！跟所有人都相處得很好、個性非常積極。」
座右銘：「所有的事情都要做到最好！不要忘記初衷。」
當忙內最大的好處：「沒有太重的責任要負擔……隊長加油啊！」
成員中誰像戀愛高手：「優鉉，很會撒嬌以及不可抵擋的魅力。」

②南優鉉很喜歡逗L，因為覺得很好玩，L也喜歡逗優鉉，不過應該在潛意識裡還是有把優鉉當成哥哥吧。L說：「南優鉉是屬於『可親近的哥哥』這個類型，因為

L認為，優鉉哥是可以調戲的。嘿嘿！」若是聖圭或ＨＯＹＡ，應該就絕對不能調戲吧！

③聖圭之前有帶Hello Kitty的戒指，結果後來看到南優鉉也有戴，粉絲們就好奇的問：「南優鉉先生，你為什麼要戴着一枚Hello Kitty的戒指呢？」

優鉉回答：「哎！其實我也不想戴這麼幼稚的戒指，和我一點兒都不合適。」

粉絲們又問：「既然不是你自己的意願帶的，那為什麼不拿下來呢？」

優鉉回答：「沒辦法呀！這是隊長聖圭送給我的，如果我不戴着，他會不開心的。」

④２０１２年5月17日，INFINITE前往首爾奧林匹克競技場舉行第三張迷你專輯《INFINITIZE》的販售紀念首唱會，現場勁歌熱舞不斷，使得台下粉絲尖叫不已。此次，INFINITE以《THE MISSION》為主題展開巡迴首唱會，當天搭乘直升機於韓國光州、釜山、大邱、大田、首爾等五大城市進行，時間為期一天，而為了讓首唱會順利進行，全程使用直升飛機往返，讓所有粉絲們都讚嘆不已。

⑤聖圭腰傷的原因為何？２０１２年6月5日播出的《強心臟》中，INFINITE的隊長聖圭透露自己因為腰受傷，所以最近有蠻多空閒的時間，在節目中聖圭說：「老實說，當成員因為其他工作忙得不可開交時，只有我的閒暇時間較多。而我到醫院

去檢查為什麼腰會受傷時，醫生跟我說那是因為我之前太常躺著了。當優鉉跟成鍾上《強心臟》時，我也是在家看節目，那時候也是用不適當的姿勢躺著。」讓現場笑聲不斷。聖圭在節目中也幽默地安慰了因為擔心個人活動較多，而無法跟成員們常相處的 SECRET 善花說：「當有個成員成為聚光燈焦點時，就會有個成員在家躺著。」

⑥2012年6月19日 INFINITE K-STAR NEWS 簽名會。大家會發現，在韓國的簽名會，粉絲們似乎都是半跪著請偶像簽名，似乎這樣比較不會擋到偶像。不過，其實是為了方便 INFINITE 在簽名會時可以順便跟粉絲聊天！簽名會期間，L還會幫粉絲整理頭髮；東雨的笑聲依然非常爽朗；HOYA 似乎是受傷了，希望他早點復原；成烈居然還對粉絲說：「是你偷走我的心，不是嗎？」真是甜進心坎裡的甜言蜜語啊！當成烈被問到為粉絲所準備的必殺技是什麼時，成烈很乾脆的回答：「沒有！」但那直率的表情，真的是很可愛！

⑦2013年1月14日東雨於 Mnet《Beatles Code 2》節目，自爆他高中時期和初戀學姊的「糖果 KISS」初吻，他和學姊從晚上十一點舌吻互傳糖果一整夜，四十顆糖果就這樣被「吻」完了。最後還被 INFINITE 成員爆料，因為過程太激烈、印象也太深刻了，所以他現在使用的所有帳號都是「CK」（意指 CANDY KISS）。

⑧2013年4月8日所播出的Mnet《Beatles Code 2》節目，邀請INFINITE擔任特別來賓，聊到成員們在空檔的八個月期間，成員們的各自行程。成烈說：「在這八個月當中，只有我一個人完全沒有任何行程，所以感到無比的壓力，並且還因此得了『地中海型落髮』。」而提到INFINITE訪台發生衝突的原因，隊長聖圭說：「因為成烈，INFINITE經紀人登上臺灣新聞的頭條版面。」隊長聖圭進而還爆料：「成烈還有一個小故事。在INFINITE到台灣表演時，一到機場，記者們的閃光燈就沒停過，可是當時大家都是沒有化妝的狀態，所以感到有些慌張。當時成烈生氣地跟經紀人說，不想被拍到沒有化妝的模樣。」聖圭又接著說：「當時經紀人的確也很慌亂，情急之下就把護照擋在成烈的臉上。後來才知道，原來在入境台灣時，是要接受採訪的。」所以最後就被以『INFINITE的經紀人非常傲慢』的標題被登上了台灣新聞版面。」

⑨INFINITE成員L對隊長聖圭的生活習慣表示不滿?2013年4月9日於KBS綜藝節目所播出的《1對100》中，邀請到INFINITE成員L擔任特別來賓。L在節目上提到：「聖圭哥不是很愛乾淨，我跟聖圭哥共用同一個房間，可是他都把衣服堆成像小山一樣。」又接著表示：「雖然不久前我們搬到新的宿舍，可是我真的沒有覺得房間有變大多少，可能就是因為衣服堆積如山的關係吧！」L的臉上更露出委屈

的表情說：「我來上這個節目，成員們都不相信我能得到好的成績，特別是聖圭哥。在聽到我要演出節目後，用不是很滿意的表情反問我：『哦！是嗎？』」L也表現出自己的決心：「今天我一定要讓成員們看看我的厲害，如果我可以成為最後的勝利者，我會請成員們去吃韓牛！」

優鉉曾在2011年9月27日的SBS《強心臟》節目中提及，因為宿舍太小了，所以成員們都睡在同一個地方，因此也沒有私人空間可以讓成員們單獨休息。公司社長答應，如果INFINITE在音樂節目中拿到第一名的獎項，就會幫他們更換新的宿舍。果然是不負眾望的INFINITE與信守承諾的社長大人——新的宿舍有三間個房間以及兩間浴室；有陽台的大房間，由東雨、成烈、L入住；聖圭、優鉉共用旁邊的房間，最靠近客廳的房間則是由成鍾、HOYA入住。另外，有良好的設備，有熱水供應還有很大的廚房，客廳地上鋪著石瓷磚，而且有非常好的保全措施，INFINITE成員們都十分滿意新宿舍。

⑩2013年6月8日一個粉絲去了L的「個人寫真散文」簽名會，粉絲問L：「OBBA～你覺得成鍾的髮型可不可愛？」L俏皮地回答說：「那個髮型讓成鍾看起來像個栗子。」而另一個粉絲問L：「有關成鍾髮型像栗子的推特是L發的嗎？還是成鍾發的呢？」L則笑著回答說：「不知道……」

⑪2013年6月9日，INFINITE成員們透過推特分享了他們出道三年的感想以及對粉絲們的感謝。除了成烈以外，忙內成鍾還分享了他的帥氣自拍，HOYA分享了與成鍾、編舞老師的自拍合照，而L則是分享了他在簽名會後的帥氣自拍。

聖圭：祝賀INFINITE出道三週年，期待以後會成為幸福、精彩、快樂地活動的INFINITE，還有，不變地支持著INFINITE的INSPIRIT朋友們，非常感謝你們。我是INFINITE，是的！ＫＫ我是INFINITE的Leader圭。

東雨：雖然又哭又笑的，但我們總是互相珍惜著，已經三年了，對我們來說每個現在都是新的開始！謝謝大家的喜愛，我們會更加用心練習並努力，希望我們能像朋友一樣愉快地相處！有時也像哥哥一樣用溫暖的音樂來接近你們，一起來享受吧!!～.～嘻嘻。

優鉉：INFINITE誕生三年了，《再次回來吧！》出道三年，距離第一次和大家見面已經三年了，結束初舞台與成員們抱著一起哭也經過三年了，告訴父母終於要出道了，激動又感慨的那天也已經三年過去了，眼裡所見的夢想的日子竟然已經三年了，卻像昨天一樣，我的褲子破掉也三年了，不知不覺愛心發射已經第三年了

我愛 INFINITE

……還有，INFINITE 只看著 INSPIRIT 已經三年了，INSPIRIT 只看著 INFINITE 也已經三年了，但這只是走向 3000000000 的基礎和永遠在一起的過程。謝謝祝福我們三週年的所有人，以後也請用愛祝福 INSPIRIT 和 INFINITE 吧♥♥♥♥ KKKK 我們注定要在一起是命運，命運♥

HOYA：已經出道三週年！非常感謝在這三年間陪我們一起又哭又笑的 INSPIRIT ^o^

L：INFINITE 三週年，恭喜，是三週年，謝謝你們的光臨^^我愛你們♥

成鍾：我所愛的 INSPIRIT 們♥，在這炎熱的天氣裡過得好嗎!?和大家在一起已經有三年的時間了!!!彷彿就像在昨天一樣！不能相信，但已經三年了!!!現在大家已經成為我人生中不可或缺的家人一樣^^以後請也多多愛惜不足的我和 INFINITE !!真的非常感謝，非常非常愛你們!!大家～～在我的夢裡相見吧！晚安！我的愛。

⑫2013年6月10日，INFINITE 在首爾新沙洞 CGV 清潭 CINECITY 舉行了首場世界巡演《INFINITE 1st World Tour Concert "ONE GREAT STEP"》記者招待會，成員們以正裝造型帥氣亮相，經紀公司 Woollim Entertainment 宣布 ONE GREAT STEP 演唱

會將以八月份的首爾演唱會為首站，之後陸續登陸日本、中國、亞洲、南北美以及歐洲各主要城市。

⑬2013年9月3日MBC偶像運動會錄製中，畫面拍攝到L在遠處拋水樽給聖圭和東雨，結果水樽一飛居然不偏不移地打到東雨的頭！L則急忙跑去安撫東雨，而坐在一旁的聖圭大概是因為實在打得太準了，忍不住拍著手放聲哈哈地大笑著！

⑭聖圭慷慨的掏錢幫歌迷付計程車費!?原來是於2013年9月8日於蠶室奧林匹克運動館所舉行的《百事可樂演唱會》，在演唱會結束之後，網路上有一張聖圭給歌迷錢的照片被公開，據悉當時夜已深了，聖圭擔心歌迷們的安全，希望大家能夠早點回家。不過還是有些歌迷就是捨不得離開，並開玩笑地向聖圭要「計程車錢」，大方的聖圭也真的掏錢給了歌迷。這位歌迷很驚訝的收下了錢，不過她應該是想留下來當做紀念吧！

◆INFINITE的感情牽絆

2012年1月14日播出的KBS2綜藝節目「自由宣言星期六・家族的誕生」中，為了跟INFINITE的所有成員們迎接新年，成員L的媽媽任善熙女士（임선희）

和東雨的媽媽金開子（김연자）以及東雨的狗弟弟豆兒（똘이）來到了他們的宿舍，除了一大早就起來準備好的各式美食以外，還特別為他們煮了年糕湯，然而很久沒有看到媽媽的兩人反應卻是全然不同的。

除了見面時的互相擁抱外，綁著蘋果頭的東雨還會溜進廚房撒嬌地拍拍媽媽的屁股，並且非常熱情的迎上前去親了媽媽的臉頰，媽媽還回應了一句：「我可愛的小兔仔子啊！」反觀L，走到廚房只是晃晃而已，當媽媽把準備好的菜餚端給他時，他也只是淡淡說了句：「Thank you」並始終保持著一號表情，讓L媽媽有些失落。其實在L小的時候開始，媽媽就會用寫小紙條的方式跟L溝通，有時還會放上零用錢，因為L媽媽知道兒子的個性沉默寡言、害羞，而且不擅於表達，所以今天也事先寫了一封親筆信要給L。然而在大家享用兩位媽媽準備的大餐時，L拿起了媽媽寫給自己的親筆信閱讀著，L唸著唸著突然就像個孩子般地哭了起來。看見L哭泣的樣子，不禁讓 INFINITE 其他聽著信內容的成員們都熱淚盈眶，整個拍攝現場瞬間變成了淚海。L媽媽在信中究竟寫了什麼，讓平時總是很酷的L，居然淚灑節目中。

L媽媽的信中寫著：「兒子，你過的好嗎？有沒有嚇一跳呢？我的兒子從小到大都沒讓我這個媽媽操心過，你是一個很乖的兒子，想起你曾經和我說過的話：『媽媽，我討厭當老大』，但我也不知道還能說些什麼。還有，媽媽到現在還不太能習

慣你的藝人職業，好像是在談論別人，羞澀又保守的你，總感覺像是穿著不適合的衣服跟著別人走，媽媽並不希望是這樣。記得媽媽曾經對你說過：『比起有個藝人兒子的滿足感，其實更多的是擔心嗎？』希望你和其他所有的成員們都能像家人般，和大家互相分享喜怒哀樂以及生活上的點點滴滴，你們一定要團結，相互信任鼓勵，要像兄弟一樣相處，彼此關心、照顧並且不離不棄。還有很多話想跟你說，但就寫到這裡吧！為了得到更多大家的喜愛，希望你們一起加油！

愛著七位兒子的媽媽 2011.12.26

其實在韓國演藝界，大多數的偶像藝人或練習生都是採「合宿管理制」，所以就算是在同一國境內，不管是L還是其他成員，甚至是其他的藝人或練習生，似乎都很難抽出時間與家人相聚。

「藝人」這是一個令人嚮往卻充滿著很大壓力的職業，要在激烈的競爭環境中突破重圍，還經常需要熬夜練習，除了身體上的疲憊以外，很多藝人也會對「未來的自己」感到很有壓力，因而很苦惱。

還有，在韓國「長子」或「長女」這個稱謂其實相當沉重，而且會沉重得讓很多人似乎都無法透得過氣來。不管做什麼事都要做到很好，主要就是為了要給弟弟、妹妹們做個好榜樣，相對的「長子」或「長女」在整個家族的地位也是非常重要，可是一點都不容忽視的。

例如東雨，雖然在INFINITE成員裡排行第二，但是在家中他是老么；L在成員裡面是第二小的，但在家中卻是排行老大。這樣的家族地位，讓他們對人、事、物的表達方式也會有所不同，或許L想要像東雨一樣，也想跟媽媽撒撒嬌、抱抱媽媽或親親媽媽的臉龐，但也許因為他是長子，所以不容易將情感表達出來。

未來的路還很長遠，記得L曾經說過，如果自己沒有當藝人的話，還真的不知道未來的他要做些什麼？不過，既然都已經選擇了這個職業，想必有他的爸爸、媽媽以及家人還有強大的歌迷做為他後盾，大家都會支持著他，讓他可以盡情地做自己想做的事。

◆**不是偶像，是放屁偶像的東雨？**

2013年6月16日KBS 2TV快樂星期天綜藝節目系列《媽媽咪呀》第十集的故事，本集的重點完全就是東雨和東雨媽媽，再加上來客串的特別來賓INFINITE其

他成員，所以……最後簡直變成他們的專屬特輯。自我介紹時，東雨唱了「成為我的人」，但在上集節目中不小心因為放屁成為話題的東雨，被大家笑話說是放屁偶像，讓他覺得很不好意思。

圭賢說：在網路上搜尋了一下東雨，東雨的關聯搜尋關鍵詞是「東雨放屁！」而此時製作人也指示將鏡頭特寫「苦笑的東雨」。朴美善則說：「對偶像來說，這是致命性的事件！」來賓安善英馬上補充的說：「上回演出的《媽媽咪呀》中，東雨是我們這組的，但是放屁了。一般偶像想放屁的話，都會很注意的，但是他『噗！』的一下，非常清晰的響聲。」

節目製作則貼切的重播了一小段5月5日《媽媽咪呀》第四集春天野餐特輯，畫面中是東雨和東雨媽媽在尋寶過程中，東雨因為最近日程非常繁忙而顯得有些疲憊的坐在地上休息，東雨媽媽疼惜兒子，所以幫東雨按摩了一下肩膀，突然聽到了「噗~」的聲音，東雨媽媽就問東雨：「這什麼聲音啊？」，東雨不好意思地回答：「是放屁聲。」，他也立即對著鏡頭跟觀眾們道歉：「真的很對不起！」，純真的東雨讓媽媽和工作人員們都忍不住捧腹大笑。

看了片段後，另一位來賓趙慧蓮就問東雨：「你經常放屁嗎？東雨居然順手比向媽媽回答著：「我和媽媽一樣腸胃不太好，所以……」。而東雨媽媽馬上慌張的反駁：「呀！幹嘛扯上我呢!!」現場所有人聽完又是一陣爆笑，主持人圭賢馬上接著說：「今天母子倆也會『噗～』嗎！不要看眼色啊！著急的話就直接來吧！」聽完大夥又再度大笑。

其實東雨和東雨媽媽感情非常好，也都是超級樂天派，但是……東雨啊！你怎麼連難得上電視的媽媽都拖下水啊！由於這是非常事件，大家都紛紛向東雨提問。趙慧蓮問到：「那麼，跳舞的時候也會噴發（放屁）嗎？」東雨也老實的回答：「有時後會，有需要用力的部分就會，合著拍子（啪！啪！）還配合動作。」聽完大家又是無法控制地大笑成一團。

◆媽媽的特別關切，交友及國際婚姻

東雨媽媽表示，她是個比較保守的人，不贊成國際婚姻。並認為東雨理想的女朋友條件，必須是心地善良的女生。東雨媽媽覺得東雨的性格既心軟又愛哭，所以要是另一半太強勢，反而會被壓制，就沒辦法好好的過日子了。東雨媽媽還說：「理想的兒媳婦是 Ailee。」主持人朴美善問東雨媽媽：「Ailee 看起來是善良的那種類型嗎？」東雨媽媽很認真的回答：「從電視上看她，（命相）看起來就很善良的感

覺。」此話一出，大家都笑了，眾人驚呼（命相）!?圭賢也問：「電視上能看出來嗎？」此時一旁的東雨已經笑翻天了，東雨媽媽則回答：「我的眼光很好，Ailee 有單純的魅力。」不虧是媽媽的直線球啊！

在看到節目中每位媽媽批評自己的小孩時，都直接又有力，東雨當然也無法例外，東雨媽媽更透露說：「東雨要是對什麼事情很投入時，嘴巴都會開開的，嬰兒時期就常常流口水，流得整個下巴都是。小姑姑來到他們家玩的時候，居然跟東雨爸爸說了一句『東雨的下巴都要長苔蘚了』，所以媽媽才會常對東雨提醒『嘴巴』，然後他馬上就會『啪！』閉起來。」朴美善問東雨：「東雨啊！閉起來應該撐也不了多久吧？」東雨回答：「是啊！撐不久……『東雨的嘴巴是自動門』。」朴美善又說：「因為嘴巴看起來不是可以好好閉起來的構造啊！」

東雨媽媽特別表示：「所以我跟公司理事說希望能讓東雨去矯正，但明明是我兒子，理事卻比我還緊張，他跟我說：『伯母，那是東雨的魅力，為什麼還要矯正呢？』」而朴美善則問：「東雨啊！每次聽到媽媽這樣說，會不會覺得受傷呢？」東雨回答：「是啊！不管怎麼說，這也不是我的習慣啊！而是一出生就這樣了。因為這樣，在節目中也常常有不小心流口水的經驗。」接著趙慧蓮前輩就又搞笑的糗他：「哎呦！又是流口水，又是放屁。」一聽到這話，東雨都害羞的抬不起頭來了，

不過，當然全場還是都笑歪了呢！

◆愛摸屁股的張東雨

緊接著驚喜的嘉賓 INFINITE 被請出場！朴美善與圭賢因為 INFINITE 的成員眾多，所以沒有位置可站，就探出一顆頭在聖圭的後面，很真摯的聽著。李英子在訪問 INFINITE 時，朴美善突然從 L 和 HOYA 的中間穿越出來說：「我也想和 INFINITE 稍微……」話都還沒說完，就又被李英子推了回去說：「這裡沒有位置啦！」，那畫面還真是逗趣。而朴京林前輩也搞笑的說了一則有關成鍾媽媽有趣的事蹟，她說成鍾媽媽每次見到她就會大聲的對她喊「我是 INFINITE 成鍾的媽媽！」成鍾解釋：「我媽媽其實原本不是那種活潑的性格，是因為真的很喜歡朴京林前輩才會那樣，而朴京林前輩也一直像媽媽般地照顧著 INFINITE，從出道時期開始只要一講到朴京林前輩就會說是媽媽。」MIR 馬上跟著說她是 MBLAQ 的媽媽才對，珍雲也突然說也是 2AM 的媽媽不是嗎？弄得現場頓時有點小混亂。

接著，圭賢就問大家：「趁著東雨媽媽在這裡，成員們有什麼想爆料的嗎？」南優鉉第一個發言：「東雨總是很愛摸成員們的屁股！」並且還當場跟成鍾一起示範給大家看。圭賢問：「東雨，摸男人屁股的理由？是興趣愛好嗎？還是有什麼特

殊的原因？」東雨望著媽媽投射SOS的眼神，並急忙解釋：「我自己不自覺就會去觸碰到，大概是跟家人的感情太好，從以前開始家人間就會常常擁抱，所以就連媽媽的屁股也會去碰一下。」而東雨媽媽卻爆料說：「東雨小時候叫媽媽時就習慣摸著媽媽的屁股叫『媽媽，媽媽』。每當東雨摸媽媽的屁股，媽媽就會跟東雨說：「不行，那是你爸爸的……」讓現場的所有人再度爆笑。

李英子接著又問：「誰有被東雨摸過屁股？」這時全部成員都舉起手，東雨說：「是啊！很自在囉！」朴美善：「原來是喜歡Skinship啊！」光看MBC綜藝節目《一週偶像來報到》的節目畫面，就可以知道東雨有多自由自在！節目中粉絲們透過電話留言向INFINITE提出問題，其中有位粉絲向東雨提問：「聽說東雨平常很喜歡摸成員的屁股，那最喜歡誰的翹臀呢？」主持人鄭亨敦還要求東雨當場「親手」評價成員翹臀呢！並要求成員們依序趴在椅子上，讓東雨「親手體驗」，東雨不知所措地大笑。雖然如此，東雨還是敬業地一一評價分析成員們的「翹臀」。在節目進行中INFINITE的成員們直呼：「感覺超怪的啦！」其中，因為在tvN偶像劇《請回答1997》中，飾演暗戀著男主角徐仁國的HOYA，被鄭亨敦警告：「待會東雨摸的時候，你不要有感覺喔！」，引發所有人的大爆笑。

東雨評論HOYA的翹臀說：「HOYA呢？該怎麼說……Size（臀部）是女生的

Size」，但東雨話都還未說完，就被大家吐嘈：「你怎麼知道女生的 Size 是怎麼樣的？」，對於主持人的反應，東雨看起來十分慌張，不過卻只能乾笑。最後東雨表示翹臀排行榜第一名是忙內成鍾，原因是「成鍾的臀部有弧度也很翹，也是他最喜歡的臀部！」。另外也選出 INFINITE 中的最後一名，東雨露出抱歉的神情說是「聖圭」，原因是：「屁股很硬、形狀有點獨特，有時候他坐在我腿上時會痛。」

◆【媽媽咪呀】媽媽們的小提問

英熙媽媽提問：「以前宿舍相關的問題，現在解決了嗎？」優鉉說：「現在還是用月租的，也有定期繳交管理費，坪數比以前的宿舍要來的大，大約是六十坪，總共八個人住在裡面。」SISTAR 多絮好奇問說：「INFINITE 的宿舍是不是真的在 BIGBANG 的樓下？」INFINITE 成員們回答：「對啊！對啊！」多絮還說自己也知道 SUPER JUNIOR 的宿舍在哪？2AM 的珍雲也馬上回一句：「妳該不會是私生飯吧！」多絮雖然急忙否認，但也一一列出 SUPER JUNIOR、MBLAQ 和 2AM 宿舍的所在位置，令在場的來賓們都大吃一驚！

趙慧蓮媽媽提問：「有給父母零用錢嗎？每月是多少錢？」成烈回答：「用信用卡代替零用錢，但是當『信用卡使用明細』透過手機簡訊傳來時，由於真的收到了很多簡訊，這真的是『危害精神健康的簡訊接收』」；HOYA說：「自己在一個月前的父母節，給父母買了房子！」眾人則一起鼓掌「了不起的「孝子帝王」」。東雨補充說：「HOYA對管理金錢方面很在行，親自去銀行商談並投資，堪稱全團的理財王。」而其他偶像們的主要交易銀行＝媽媽銀行，也就是交給媽媽打理！

李英子提問：「內部有摩擦的時候，是其他的成員來幫忙解決？還是幫忙打架呢？關於打架的部分，也大膽地提問到現在為止大打出手的次數約有幾次？聖圭回答：「大約有十次，最會打架的是HOYA，『孝道王接著就是打架王』HOYA自己也都笑彎腰了！「成鍾則一點都不行，是個和平主義者。」聖圭接著說：「優鉉VS成烈，優鉉會贏。」圭賢問：「贏的標準是什麼？」聖圭說：「兩人中有一人喪失了鬥志，或是不再有鬥爭慾望的時候。」主持人繼續問到聖圭和誰打過架了？聖圭則笑說：「自己有和優鉉打過一次，那時候是他贏了。」而主持人再問：「通常會因為什麼事情打架呢？」聖圭說：「其實他們會打架都是因為家務事，真的都算不上是事情的事。」李英子問說：「下週有沒有誰也想要媽媽來上《媽媽咪呀》？」優鉉自告奮勇的說：「媽媽看過節目後，也很想來參加一次。」李英子馬上搞笑的回答：「真的嗎？讓媽媽準備一下，不要像東雨媽媽來了也沒什麼可看的……」東雨和東雨媽媽聽了當場笑翻天，而節目最後在INFINITE表演「Man In Love」中圓滿結束。

INFINITE

第十一章
追星祕笈

★代言商品、追星景點介紹、官方會員申請教學收錄★

★KIM SUNG KYU

★CHANG DONG WOO

★NAM WOO HYUN

★LEE HO WON

★LEE SUNG YEOL

★KIM MYUNG SOO

★LEE SUNG JONG

【第十一章】INFINITE★追星祕笈

◆INFINITE的代言商品

出道至今代言不少商品的INFINITE，隨著在韓國的聲勢不斷高漲，因而有更多代言邀請，不論什麼商品，只要有了大勢偶像INFINITE的代言，絕對會吸引不少歌迷前往消費，掏出錢包的現金只為換得心愛偶像的代言商品，甚至連他們代言的日常用品也都變得格外珍貴了呢！

【Elite制服】

Elite服飾製造商果然聰明的正中學生的核心，請來大勢偶像代言，不管是學生，還是廠商都是雙贏的局面呢！既可以讓枯燥的制服注入偶像的活力，深得學生們的心，也讓廠商荷包賺飽飽。

INFINITE從2010年跟f(X)一起共同代言開始，接著2012年與國民妹妹IU共同代言，2013年更是與有著清新形象的Juniel一起代言。當他們穿上制服拍攝出帥氣的畫報，也都讓歌迷們想著「如果我們學校的學長有這麼帥氣該有多好啊！」這些拍攝的畫報也讓大家可以下載設定為電腦桌面或螢幕保護程式，打開電腦或進入休眠狀態都有「帥氣學長」在電腦前，這樣子的代言是不是很貼心呢！

貼心的廠商更不定期的會有 INFINITE 代言的小小 EVENT，讓歌迷們除了買制服以外，還有機會獲得 INFINITE 相關的禮物，當然也不會忘記現在時下年輕人常用的通訊軟體 KaoKaoTalk 的主題，連打開手機也可以看到帥氣學長。還有為了制服代言推出廣告歌曲，在考生衝刺的期間，INFINITE 會送上影像留言，為大家加油打氣，「You Can Do It、I Can Do It」聽著這樣的打氣應援，為苦悶的學生注入滿滿的元氣及活力。雖然 INFINITE 平常已經不需要穿制服上課，不過即使再穿上制服代言也不會顯得突兀，果然年輕的臉蛋就是適合搭配青春洋溢的制服啊！制服加上偶像代言，成功地賦予了新的生命。

【EDIQ】

除了制服的代言，INFINITE 也獲得歐洲休閒服飾品牌 EDIQ 的青睞，強調為 10 歲後半到 20 歲前半的休閒品牌，由以青春活力著稱的 INFINITE 來代言 EDIQ 是再適合不過了。從冬季服飾代言到夏季，不管是哪個季節都讓人想穿著 EDIQ 與 INFINITE 一起去玩呢！最重要的是，在店內購買服飾，還可以得到 INFINITE 的海報喔！所以

不管是10歲、20歲還是30歲，只要擁有一顆年輕的心，這樣活力滿滿的休閒服飾也是可以為了INFINITE而消費的。

【FILA】

INFINITE讓運動不再只是單純的運動，運動及優雅兼顧的時尚指標FILA怎麼會錯過邀請INFINITE代言的機會呢！今年更是將復古慢跑鞋的經典款交由INFINITE代言，鮮豔的螢光配色加上新穎的設計，繽紛的色彩簡直是為他們量身打造，讓運動變得青春洋溢，身為忠實粉絲怎麼能不擁有一雙呢！

廠商除了慢跑鞋，更同步推出代言限量T-Shirt及後背包，當然除了可以拿到INFINITE的海報以外，FILA也推出一系列的KaoKaoTalk主題，可以讓大家更換自己心愛的偶像喔！還有為了代言而出的INFINITE公仔，既然是公仔，就不要講究他們之間的相似度了，最相似的當然永遠都是INFINITE本尊啊！

【Samsung Galaxy Player】

在韓國穩坐3C產品龍頭寶座的Samsung推出了Galaxy Player，雖然是沒有通訊功能的播放器，但有了INFINITE的魅力加持，簡單的3C產品都變得豐富了起來，就算是簡單好用的Galaxy Player，廣告代言卻一點也不簡單喔！釋出的第一張官方代

言宣傳照，當中 INFINITE 穿上帥氣的輕便黑色西裝，讓整個產品都充滿了獨特的時尚感，而針對學生族群的宣傳，也推出一系列有趣的廣告。

短短三十秒的廣告中，所有成員接連地問：「L在做什麼？」，只見L拿著 Galaxy Player 回答：「聊天中、遊戲中、學習中」，沒錯！就是一台不簡單的播放器，可以學習、玩樂、兼顧友情樣樣不會漏掉喔。不過廣告可不會就這麼簡單，成員L更是拍了一系列短篇故事「你是我的第一次」，八回的短篇故事廣告中展現了L帥氣的演技，讓所有粉絲也好想成為廣告中的女主角喔！

情人節由 INFINITE 推出 Galaxy Player 白色情人節款，就像是廣告海報上一樣，「有沒有收到 INFINITE 送你的禮物啊？」廠商也會不定期的更新 INFINITE 相關的照片，搭配上有趣的文字，讓大家天天都可以變換自己的 Galaxy Player 桌面。此外，強調可以學習的 Galaxy Player 也有 INFINITE 的Q版小漫畫，在學習感到疲憊時拿出來看，放鬆心情開心笑一笑，保證精神十足。

另外一系列則是推出成員們用各自獨特風格來慰勞辛苦的學生，並邀請大家一起來使用 Galaxy Player。廠商真的是大放送，就連釜山人都照顧到的 HOYA 釜山方言版本也有。除此之外，每當 INFINITE EVENT 舉行，只要在指定期間購買就有機會獲得 INFINITE 的特別禮物。

【Natuur Pop Ice Cream】

「以20歲為分界點的冰淇淋店，想快點長大成為20歲的孩子、如果能夠回到20歲想做什麼事。」，這是 Natuur Pop Ice Cream 有趣的品牌故事，因為標榜著優格冰淇淋，以往的代言皆是請來苗條的女藝人代言，不過現在是由 INFINITE 這幾個大男孩來代言呢！而找來 INFINITE 代言冰淇淋準沒錯！廣告歌曲登場也掀起一股 POP 舞蹈的風潮，還有 INFINITE 特別指導的 POP 舞蹈教學影片，讓人不自覺地跟著 POP POP 地跳著呢！可口的冰淇淋再加上朗朗上口的廣告歌曲及舞蹈，在廣告中也都穿著充滿夏天的色彩，鮮豔的顏色讓整個酷暑吹來一股清新的風，夏天就是要跟 INFINITE 一起渡過才對！

不只這樣單純的代言，Natuur Pop Ice Cream 還推出了許多 INFINITE 的相關周邊，來到 Natuur Pop Ice Cream 映入眼簾的，一定是大大的 INFINITE 站在門口開心地迎接你到來，進到店裡又有著多樣口味的冰淇淋可以選擇，讓人眼花撩亂的冰櫃，當然還有充滿整間店，讓人小鹿亂撞的 INFINITE，不只有牆上的 INFINITE，連同桌上甚至於吃冰的杯子都有著活力滿滿的大勢偶像 INFINITE。

我愛 INFINITE

吃冰又可以得到代言周邊！在夏天首登場的就是開學、上班必備品「文件夾」，整個文件夾都有著 INFINITE 的帥氣臉蛋，陪伴著大家上班、上課，心情自然也都好了起來啊！「隨身鏡子」等於是隨身攜帶有著 INFINITE 的鏡子出門，連拿出來照鏡子，都覺得整個臉頓時鮮亮了起來。再來還有跟夏天很搭配的「海灘球」，上面有著 INFINITE 的頭像，雖然拍打著 INFINITE 好像會有那麼一點點心疼，但還是想帶去海邊一起享受夏天的氣息。最近更是推出了「INFINITE 小卡組」，清新的小卡不管是半身的 INFINITE 還是全身的 INFINITE，都有著讓人融化的魔力，可絕對不是冰淇淋融化哦！

每個月都在過情人節的韓國，歌迷們當然最想收到的是偶像的告白囉！在玫瑰情人節當天，Natuur Pop Ice Cream 的官方FB也滿足了歌迷的心，釋出 INFINITE 的告白照片，「玫瑰日，這樣的告白如何啊？」七名大男生這樣對你說著，是不是整顆心都跟著融化而且嘴角上揚了啊。

每個成員都有屬於自己的告白，聖圭：「說實話⋯你不知道我喜歡你嗎？」、東雨：「你一直都知道我喜歡你吧？」、優鉉：「噗通噗通，今天⋯⋯能告白成功嗎？」、HOYA：「今天要做什麼嗎？沒什麼事的話，我們見面吧？」、成烈：「姊姊⋯年紀小的如何啊？」、L：「這樣子意外的出現⋯⋯沒想到吧？」、成鍾：「前

輩，叫你姐姐也可以嗎？」」，是不是接收到了 INFINITE 對你的告白啊！就在玫瑰情人節當天，短暫的跟 INFINITE 陷入愛河吧！

身為隊裡的老么成鍾在韓國的成年日當天終於成年了！官方為了慶祝成年的成鍾釋出了一組照片，「如果再次變成20歲時，我想〇〇〇的度過」，讓大家都可以跟著 INFINITE 好好思考一下。身為隊長的聖圭想要「快樂」的度過、隊裡活力來源的東雨想要「生氣蓬勃」的度過、從叢林變身為男人回歸的成烈想要「樸實」的度過、跳舞機器 HOYA 想要「幸福」的度過、剛成年的成鍾則是想要「坦率」的度過、門面擔當的 L 想要「有自信」的度過、而愛心發送器的優鉉則想要「純真」的度過。

【百事可樂】

全球代言百事可樂的名人，皆為當代重要的影響人物，韓國當然也請來大勢偶像代言，真是多麼有力的代言啊！廣告主題曲一公開，點擊率急速飆升，長達兩分鐘的廣告，INFINITE 帶著他們最引以為傲的群舞整齊登場，穿上帥氣的服裝搭配輕快的廣告歌曲，爽口的喝著百事可樂，整個廣告營造出清涼感覺，雖然飲料瓶身並沒有印上 INFINITE 的肖像，但廣告中不斷做出邀請你一起來喝的動作。除了長達兩分鐘的版本以外，也有其他15秒及30秒左右的各種版本。

當然跟百事可樂配合的速食店也因為代言人的關係受惠，像是 LOTTERIA 的飲料杯上就印有 INFINITE，這也成為歌迷收集的必備品，還推出雙人分享餐，搭配上 INFINITE 的刮刮卡。由於小卡上是每個成員的臉，所以也讓歌迷到各間 LOTTERIA 點餐收集小卡，為了能夠集齊小卡，一天吃三餐的 LOTTERIA 都不會覺得膩呢！除了小卡上有成員的肖像之外，刮刮卡的獎品也非常吸引人，頭獎是百事可樂演唱會門票、接下來還有 INFINITE 的 T-Shirt、隨行杯等，在推出刮刮卡的期間，剛好遇上 INFINITE 世界巡迴演唱會在首爾開唱，只要進到 LOTTERIA 用餐喝飲料，總是會看見許多來自各國的歌迷。

而在百事演唱會上，當天場外也有 INFINITE 的人形立牌，可以滿足歌迷想要站在偶像身邊拍照的心願，INFINITE 更是熱唱了六首歌曲，精彩又活力四射的演出，為了門票抽獎的辛苦和吃 LOTTERIA 而長的肉都已經不是重點了吧。

◆個人代言

【SK 電信】（HOYA）

SK 電信是韓國數一數二的通訊電信，當然也要請來在「請回答1997」中成為演技偶像的 HOYA 代言 SK 電信，廣告中 HOYA 在滑雪場，因為女朋友驚喜地前來幫他慶生，還害羞的獻上了吻，果然廣告一出，歌迷們的哀號聲遍起，大家也想幫HOYA在滑雪場慶生啊！

【Shara Shara】（L）

來自知名化妝品集團CARVER KOREA的Shara Shara是韓國化妝品中非常熱銷的品牌。今年特別請來了新一代的代言人L，身為INFINITE門面擔當，當然是最適合做化妝品品牌代言囉！官方先前釋出了兩組照片，一個是全白服裝、頭上插滿羽毛，天使般的造型；而另一個則是全黑服裝、戴上皇冠，貴族般的氣質。限定期間的EVENT則可以獲得有L簽名的香水噴霧，還有消費就可以獲得的L海報，歌迷們當然忙著趕快補貨囉。

◆INFINITE追星景點介紹、追星韓文教學

【Woollim Entertainment】（울림 엔터테인먼트）

Woollim娛樂韓國經紀公司，於２００３年９月創立，社長為李正業（이중엽）。創立初期的音樂風格Rock和Hip-Hop為主，於２０１０年推出第一組偶像男子團體INFINITE，成為韓國流行音樂Kpop的主流經紀公司。目當前旗下藝人有：【組合：Nell、INFINITE、TASTY】、【個人：黃智善（Jisun）、BabySoul、劉智雅、劉智媛】、

【演員：郭正旭】2013年8月8日，Woollim 娛樂與 SM C&C 合併，正式成為 SM C&C 旗下子公司的獨立品牌「Woollim Label」。

地址：**대한민국 서울시 마포구 성산동 21-25 호 103 호**

（首爾市麻浦區城山洞 21-25 號 103 號）

交通資訊：搭乘地鐵在麻浦區廳站、望遠站、合井站、弘大站下車，都能到達。或者是：公車 7737，在「**성미산약수터**」站下車，再步行五分鐘就可到達。由於沒有掛招牌，所以請依照門牌號碼尋找，另外，練習室的位置在公司右轉直走一小段路後，就會看到地下室了。

【인창 쭈꾸미】仁昌辣炒章魚

東雨媽媽開的炒章魚店，位於京畿道九里市的仁昌洞，而這間辣炒章魚店也曾經在 Mnet Japan「Days of INFINITE」綜藝節目第十三集公開亮相，是 INSPIRIT 必去的追星景點之一。因為距離首爾有一段距離，建議想去朝聖的粉絲一定要規畫好時間提早出門哦！去過的粉絲都說，東雨媽媽非常漂亮也很親切，辣炒章魚也非常好吃，在這裡不僅能夠吃到韓國傳統美食，也能一邊追星，實在太棒了！

地址：**경기도 구리시 인창동 671-1**

（首爾市京畿道九里市仁昌洞 671-1）

電話：031-551-7004

交通資訊：搭乘中央線在九里站下，從3號出口出來步行約十分鐘。（3號出口位於天橋底下，出天橋後要往右手邊轉彎，看到公園後右轉直走，遇到大十字路口再左轉直走就到達。）

【오동동 부엉이집】哦咚咚貓頭鷹家

由HOYA媽媽負責經營的家庭餐廳，餐廳裡面還設置INFINITE專區與簽名，還有印上無限LOGO的獨家紙巾讓歌迷們都捨不得拿來使用，HOYA的媽媽也很樂意與粉絲合影喔！

地址：**경상남도 창원시 성산구 상남동 4-4**

（慶尚南道昌原市城山區上南洞4-4）

電話：055-261-5103

交通資訊：從首爾前往可乘韓國新高速火車（KTX）車程，車程約四小時。從釜山乘坐火車，約四十五分鐘。

【돈까스타】炸豬排Star

由HOYA爸爸開設的炸豬排店就位於首爾最大的地下街·富平地下街，非常適合粉絲一邊血拼，一邊追星呢！據說HOYA的爸爸還特地去拜師學藝，學習炸豬排的美味祕訣，為的就是讓粉絲們吃到最好吃的炸豬排。除此之外，店內還擺放著滿滿 HOYA 以及 INFINITE 的照片，運氣好的話說不定還有機會在店裡看到 HOYA 喔！

地址：**인천광역시 부평구 부평 5 동 153-22**
（仁川廣域市富平區富平 5 洞 153-22）

電話：032-511-0328

交通資訊：搭乘1號線在富平站下，從 20-B 出口出來後直走，看到第一個十字路口後右轉，直走看到位於2樓的「**돈까스타**」招牌即抵達，約三分鐘路程。

營業時間（韓國時間）：AM10:00～PM9:00

◆ INFINITE 官方 Café 申請教學

接著，各位 INSPIRIT 一定想知道更多 INFINITE 的最新資訊、更貼近 INFINITE 吧？那麼，就趕快加入 INFINITE 的官方 Café 吧！INFINITE 的官方 Café 中，除了有 INFINITE 的最新行程，平常成員們也會在上面留言呢！更重要的是，如果你想參加韓國各大音樂節目錄影，親身體驗 INFINITE 現場的舞台魅力，更要學會如何申請官方 Café 唷！在官方 Café 的公開版面中，不僅會公布最新歌曲的應援方法，以及參與音樂節目錄影的相關規定、時間、集合地點，有時候 INFINITE 的公開活動，也會在官方 Café 中提供會員先行登記，INSPIRIT 快來看看加入官方 Café 的方法吧！

①在網址列輸入網址 http：//cafe.daum.net/INFINITE7，點擊右上方的「**로그인**」（Login），加入 Daum 的會員。

②這個時候頁面會出現新視窗，要求輸入會員帳號及密碼，新會員則需點選下方的「**회원가입**」（加入會員）。

③接著，畫面會出現「**이메일입력**」（輸入 E-MAIL），在空白處輸入 E-MAIL 後，按下「**중복확인**」（重複確認），確認 E-MAIL 是否已重複申請過帳號。

④此時，如果 E-MAIL 下方出現「**사용가능한 이메일 주소입니다**」（可使用的 E-MAIL 郵件）則代表這個 E-MAIL 可以使用，如果出現「**입력하신 이메일로 이미 가입된 아이디가 있습니다**」則代表這個 E-MAIL 已經申請過會員帳號，需要再換一個 E-MAIL 申請。

⑤在「**이용약관 동의**」（使用條款同意）、「**개인정보 수집 및 이용 동의**」（個人資訊收集及使用同意）前的小框框點一下，勾選後代表同意，再按「**다음단계**」（下個階段）。

⑥接著，「이메일 아이디」（E-MAIL ID）欄會自動帶入剛剛輸入的 E-MAIL，下方「Daum 아이디」（Daum ID）欄則為 Daum 的帳號。

※如果想要更改 Daum 的帳號，按下旁邊的「변경하기」（更改），即可更改。

⑦畫面下方則為個人資訊欄，依序在「비밀번호」（密碼）、「비밀번호 확인」（確認密碼）、「이름」（姓名）、「성별」（性別）等欄位，輸入個人資訊後按下「회원가입」（加入會員）即可。

※姓名可輸入韓文或英文，「성별」處的「남」、「여」，分別為「男」、「女」之意。

⑧接著，螢幕出現「회원가입 요청이 완료되었습니다」（會員加入完成），即完成 Daum 的會員帳號申請。接下來到申請會員帳號的郵件信箱打開確認信，連結信件中的網址再次輸入密碼、螢幕顯示的驗證碼後按下「확인」確認鍵，完成會員驗證。接著按下下方的「서비스 돌아가기」（返回服務），回到 INFINITE 的官方 Café 頁面。

※申請 Daum 會員後需在十二小時之內完成會員驗證，否則會員帳號就會失效，需再次申請喔！

⑨在 INFINITE 官方 Café 的頁面中找到「Daum 공식팬카페」（Daum 官方 Café）欄，點擊下方的「카페 회원가입」（加入 Café 會員）。

⑩這個時候，INFINITE的官方Café頁面會出現一個和INFINITE相關的問題，輸入問題的答案後按下「**확인**」（確認）即可。

※INFINITE的官方Café管理員會不定時更換問題，如果看不懂韓文題目不妨使用翻譯軟體或是請教懂韓文的朋友，先前出現過的問題包括第四張迷你專輯的主打歌曲名稱、INFINITE的1ST WORLD TOUR名稱等，都是很簡單的問題，粉絲們不用太緊張唷！

⑪接著，螢幕上會出現個人資訊確認的畫面。首先在「**위 약관에 동의합니다**」（同意上方條款）前的小框框點一下，代表同意。

⑫下方的「**닉네임**」（暱稱）會自動輸入申請Daum帳號的姓名，此時必須先更改暱稱，不可使用真實性名；「**수신여부**」（是否接受郵件）會自動勾選同意。

※暱稱限4~17字，不可包含真實姓名。

⑬在「**객관식**」（選擇欄）中，勾選「**INFINITE 팬**」（INFINITE粉絲），再輸入螢幕顯示的驗證碼，按下「**가입**」（加入），最後再按下「**확인**」（確認），即完成INFINITE官方的Café申請。

⑭在「**Daum 공식팬카페**」（Daum 官方 Café）欄下方，「**내 정보**」（我的資料）處點下，看到自己的暱稱就代表申請完成囉！

※ 如果想要更改個人資料，點擊旁邊的「**수정**」即可修改。

⑮到這個階段為止，已經完成了 INFINITE 官方 Café 的「準會員」申請。如果想要知道更多訊息就必須再升級成為「正式會員」，因為某些版只提供「正式會員」瀏覽。

◆ INFINITE 官方 Café 會員升級教學

①申請「正式會員」之前，請先確認是否符合以下規定。

A. 韓文不可超過七個字，英文不可超過十二個字，暱稱必須使用純韓文或者純英文，除了L、INFINITE 和 HOYA 後可加韓文。L只允許大寫，INFINITE 和 HOYA 大小寫皆可。（L後可加六個韓字，包括六個字，INFINITE 可加三個韓文字，HOYA 可加五個韓文字。）

B. 不可使用 INFINITE 成員本名或藝名，以及經紀公司名稱、工作人員名稱、相關暱稱等。

C. 禁止使用空格、表情符號和特殊文字。

D. 禁止使用其他歌手或團體名。

②在官方 Café 的左邊欄位找到「Lv.up」，目前僅開放週一、三、五升級正式會員，週一申級會員即選擇週一，依此類推。

※**월일등업**（週一升級）、**수일등업**（週三升級）、**금일등업**（週五升級）。

③進入升級頁面後，點擊「**글쓰기**」（文章），並在顯示灰字「**제목을 입력해 주세요**」（輸入題目）處輸入「**INFINITE 공식 팬카페 등업신청**」（INFINITE 官方 Café 升請）。

④接著下方會出現 INFINITE 的相關問題，輸入答案後即可申請升級為正會員。在輸入答案前，需先寫下暱稱和暱稱解釋、性別、年齡、居住地，因為 INFINITE 官方 Café 會不定時更改問題題目，所以以下就針對申請升級的注意事項為粉絲們說明。

A.確認「**내 정보**」（我的資料）中「**아이디**」（ID）為「**운영진**」營運方公開、「**수신설정**」中「**전체메일**」（全部郵件）、「**전체쪽지**」（全部訊息）皆已勾選。

B.填好答案送出申請帖前，需設置為悄悄話再發表。點擊下方的鎖頭圖示，即完成悄悄話設置。

C.若複製他人申請帖的內容，將不予通知且返還申請帖，並禁止活動一週。

⑤輸入答案後點擊上方工具列的「**가**」，將所有文字反白，最後拉到畫面最下方「**설정정보**」（設定資訊），選擇右方的「**변경**」（變更），將「**스크랩**」（剪貼）、「**복사**」（複製）的狀態改成「**금지**」（禁止），最後按下「**확인**」（確認），即送出正式會員的升請帖。

⑥升請正式會員後一至兩天後，可至「**내 정보**」（我的資料）處確認暱稱左方的小圖示，如果小圖示變成「藍色小柱子」的圖案，就代表升級正式會員成功，如果還是準會員的「閃電」圖案，就代表升請未成功。

⑦如果升請會員失敗，在官方 Café 的左邊欄位「Lv.up」下找到「**등업리턴**」（升級反饋），選擇「**글쓴이**」（作者）後，在空白處輸入自己的暱稱，找到申請帖後就能看到管理員的回覆，依照管理員的要求修正錯誤的答案即可。

※請及時查看是否升級成功，否則會被管理員刪帖喔！升級正式會員的題目以及方式，由於可能會有相當的變動性，粉絲們請依 INFINITE 官方 Café 公布的最新消息為準！

※參考資料來源：INFINITE Official、INFINITE Official JP、INFINITE 官方 cafe、百度 INFINITE 吧、KPOP 韓星網、PTT INFINITE 版、韓流ぴあ、月刊 The High Vision、雜誌韓 FUN。

※INFINITE 序列王系列文章出處來源：INFINITE 序列王影片。

※「不是偶像，是放屁偶像的東雨」出處來源：KBS 2TV 快樂星期天綜藝節目系列《媽媽咪呀》影片、MBC every1 綜藝節目《Weekly Idol 一週偶像》影片。

※「收到媽媽的信既感謝又感動的 L」出處來源：KBS2 台綜藝節目「自由宣言星期六．家族的誕生」影片。

※「INFINITE 的精采花絮」出處來源：INFINITE Facebook、推特、UFO TOWN、Google+ 等社群網。

※「INFINITE 大事記」出處來源：INFINITE 官方網站、Facebook、推特、UFO TOWN、Google+ 等社群網站。

※「INFINITE 網站資料介紹」出處來源：INFINITE 官方網站、維基百科。

※「INFINITE 獲獎及提名列表」出處來源：INFINITE 官方網站、維基百科。

※「追星祕笈」出處來源：INFINITE 官方網站、Facebook、推特、UFO TOWN、Google+ 等社群網站。

INFINITE

第十二章
INFINITE 大事記

★出道至令最完整大事記★

★KIM SUNG KYU

★CHANG DONG WOO

★NAM WOO HYUN

★LEE HO WON

★LEE SUNG YEOL

★KIM MYOUNG SOO

★LEE SUNG JONG

INFINITE 獲獎及提名大事記【大型頒獎獎項】	
2010 年	第 18 屆大韓民國文化演藝大賞〔新一代歌謠部門 10 代歌手獎〕
2011 年	All K-POP Awards〔最佳進步藝人獎〕
	M! Countdown Awards〔最佳動作表演獎〕
	European K-POP So-Loved Awards〔最佳編舞《Before The Dawn》〕
	最佳歌曲獎《Be Mine 成為我的人》
2012 年	第 26 屆韓國金唱片獎〔唱片本賞〕
	韓流 ICON 獎
	第 9 屆韓國大眾音樂賞〔年度音樂家部門團體賞〕
	第 4 屆 MelOn Music Awards〔年度 Top 10 歌手獎〕
2013 年	第 27 屆韓國金唱片大賞〔唱片本賞《INFINITIZE》〕
	最佳團體表演賞
	大韓民國國會大賞〔大眾音樂賞〕
	Mnet 20's Choice Awards〔20's 最佳環球巡演獎〕

我愛 INFINITE

INFINITE 獲獎及提名大事記【音樂節目獎項】	
2011 年 09 月 01 日	Mnet M! Countdown 以《Be Mine 成為我的人》歌曲獲得當週第 1 名。以新人團體之姿在音樂節目取得第 1 名，所以在韓國有了「大勢偶像」的稱號。
2011 年 09 月 08 日	Mnet M! Countdown 以《Be Mine 成為我的人》歌曲獲得當週第 1 名。
2011 年 10 月 09 日	SBS 人氣歌謠以《Paradise》歌曲獲得當週第 1 名。
2011 年 10 月 13 日	Mnet M! Countdown 以《Paradise》歌曲獲得當週第 1 名。
2011 年 12 月 23 日	KBS Music Bank 以《Be Mine 成為我的人》歌曲獲得年終計算第 22 名。
2012 年 05 月 31 日	Mnet M! Countdown 以《The Chaser 追擊者》歌曲獲得當週第 1 名。
2012 年 06 月 01 日	KBS Music Bank 以《The Chaser 追擊者》歌曲獲得當週第 1 名。
2012 年 06 月 03 日	SBS 人氣歌謠以《The Chaser 追擊者》歌曲獲得當週第 1 名。
2012 年 06 月 05 日	MBC Show Champion 以《The Chaser 追擊者》歌曲獲得當週第 1 名。
2012 年 06 月 07 日	Mnet M! Countdown 以《The Chaser 追擊者》歌曲獲得當週第 1 名。

INFINITE 獲獎及提名大事記【音樂節目獎項】	
2012 年 06 月 10 日	SBS 人氣歌謠以《The Chaser 追擊者》歌曲獲得當週第 1 名。
2012 年 12 月 21 日	KBS Music Bank 以《The Chaser 追擊者》歌曲獲得年終計算第 19 名。
2013 年 03 月 31 日	SBS 人氣歌謠以《Man In Love》歌曲獲得當週第 1 名。
2013 年 04 月 03 日	MBC Show champion 以《Man In Love》歌曲獲得當週第 1 名。
2013 年 04 月 04 日	Mnet M! Countdown 以《Man In Love》歌曲獲得當週第 1 名。
2013 年 04 月 05 日	KBS Music Bank 以《Man In Love》歌曲獲得當週第 1 名。
2013 年 04 月 07 日	SBS 人氣歌謠以《Man In Love》歌曲獲得當週第 1 名。
2013 年 04 月 12 日	KBS Music Bank 以《Man In Love》歌曲獲得當週第 1 名。
2013 年 04 月 20 日	MBC Show! 音樂中心以《Man In Love》歌曲獲得當週第 1 名。
2013 年 07 月 05 日	KBS Music Bank 以《Man In Love》歌曲獲得當上半年結算第 6 名。
2013 年 07 月 25 日	Mnet M! Countdown 以《DESTINY》歌曲獲得當週第 1 名。

INFINITE 獲獎及提名大事記【音樂節目獎項】	
2013 年 7 月 27 日	MBC Show! 音樂中心以《DESTINY》歌曲獲得當週第 1 名。
2013 年 7 月 28 日	SBS 人氣歌謠以《DESTINY》歌曲獲得當週第 1 名。
2013 年 7 月 31 日	MBC Show Champion 以《DESTINY》歌曲獲得當週第 1 名。
2013 年 12 月 20 日	KBS Music Band《Man In Love》年度結算第 25 名。
INFINITE 獲獎及提名大事記【重要成就】	
2012 年	Gaon Chart 專輯銷售總結排行榜第 7 名《INFINITIZE》。
	美國 Billboard K-POP 2012 年度最佳歌曲 Top20 第 1 名《The Chaser 追擊者》。
2013 年	Gaon Chart 專輯銷售總結排行榜第 11 名《DESTINY》、第 12 名《New Challenge》。

INFINITE 大事記	
2010 年 4 月 12 日	Mnet INFINITE 專屬電視節目《偶像人間劇場〈你是我的哥哥〉》正式曝光。（2010 年 4 月 12 日～ 5 月 31 日 EP01 ～ EP08）
2010 年 6 月 9 日	以歌曲《再次回來吧》正式出道。
團體 LOGO「∞」	團體 LOGO 為代表無限大的符號「∞」，團名 INFINITE 的含義是希望團體和成員在音樂或其他方面均具有無界限的可能性。
2010 年 6 月 10 日	於 M! Countdown 表演出道舞臺，並演唱出道歌曲《再次回來吧》。
2010 年 6 月 11 日	出道後第一次上電臺節目：Mnet Radio。
2010 年	由 INFINITE 全體代言的出道後第一個 CF《Daum Yozm》。
	由 INFINITE 代言的 Samsung Galaxy S 播放器，公開由成員 L 所演出的廣告小品。
2010 年 9 月 19 日	出道一百天 +First FanMeeting。
2010 年 9 月 23 日～ 9 月 28 日	Mnet Japan INFINITE 專屬電視節目《Days of INFINITE》。

我愛 INFINITE

INFINITE 大事記	
2010 年 11 月 15 日	由 INFINITE 全體與 f（x）代言的 Elite 學校制服。
2011 年 1 月 20 日	官方粉絲後援會 INSPIRIT（인스피릿）名稱公佈，「INSPIRIT」是激勵、鼓勵的意思，其中「IN」指 INFINITE，「SPIRIT」則指心靈。
2011 年 1 月 26 日	第一張日文單曲《TO-RA-WA》發佈．一天之內，這首歌在日本最大的移動網站 music jp 的 K-POP 專區的資料統計圖中點擊為第 1 名。
2011 年 2 月 26 日	第二張日文單曲《She's Back》日本最大的移動網站 Music Jp 的 K-POP 專區手機下載量排名第 1 。
2011 年 3 月 7 日	聖圭、L 、成烈、HOYA、東雨，被同一所大學錄取，成為了同學。
2011 年 6 月 2 日	李成烈演出 SBS 日劇《當你沉睡時》正式成為演員。
2011 年 6 月 22 日～8 月 17 日	Mnet INFINITE 專屬電視節目《Sesame Player2》EP01 ～ EP09。
2011 年 7 月 17 日、19 日	分別在日本大阪和東京舉行出道 SHOWCASE。
2011 年 8 月 17 日	舉行 INFINITE FanClub 創團式。

INFINITE 大事記	
2011 年 8 月 28 日	由 INFINITE 全體代言的歐洲休閒服飾品牌《EDIQ》。
2011 年 9 月 1 日	INFINITE 憑著正規一輯《成為我的人》於 Mnet M! Countdown 中獲得出道後首次音樂節目第 1 名。
2011 年 9 月 8 日	再次以《成為我的人》獲得 Mnet M! Countdown 第 1 名。
2011 年 10 月 9 日	以正規再版專輯《PARADISE》於 SBS 人氣歌謠獲得第 1 名（Mutizen Song），2011 年 10 月 13 日再次以後續曲《PARADISE》於 Mnet M! Countdown 獲得第 1 名。
2011 年 10 月 22 日	INFINITE 成員成烈、L 參與 s/s 首爾時裝週（張光孝設計師）。
2011 年 11 月 12 日～ 2012 年 2 月 11 日	在 KBS2 INFINITE 與 A Pink 電視節目《家族的誕生》EP01 ～ EP14。
2011 年 11 月 19 日	以日文單曲《BTD（Before The Dawn）》於日本正式出道。 2011 年對於 INFINITE 而言是重要的一年，在音樂節目取得首次第 1 名，於新生代團體中取得好成績，在韓國有了「大勢偶像」的稱號。

我愛 INFINITE

INFINITE 大事記	
2012 年	INFINITE Japan Story 日本出道全紀錄《INFINITE MAKING》。
2012 年 2 月 11、12 日	舉行首場演唱 《Second Invasion》 。
2012 年 2 月 17 日	公開應援色為珍珠金屬金色（Pearl Metal Gold）。
2012 年 2 月 25、26 日	日本舉行演唱會《Second Invasion》。
2012 年 3 月 10 日	由 INFINITE 全體代言的 Samsung Galaxy Player 70 。
2012 年 4 月 1 日	2012 年 4 月 1 日，INFINITE 舉行《Second Invasion-Evolution》演唱會，與 Youtube 合作線上直播演唱會。
2012 年 5 月 15 日	第三張迷你專輯《INFINITIZE》SHOWCASE：《THE MISSION》，當天搭乘直升機於韓國 5 個地區舉行。主打歌《追擊者》在 Mnet M! Countdown、SBS 人氣歌謠、KBS Music Bank、MBC Show Champion 四個音樂節目中獲得總共 7 次第 1 名，包含在 Mnet M! Countdown 達成出道後首次三連冠。

INFINITE 大事記	
2012 年 5 月 23 日～8 月 29 日	Mnet INFINITE 專屬電視節目《INFINITE 序列王》EP01-EP15。
2012 年 11 月 7 日	隊長以金聖圭（Kim Sung Kyu）之名展開個人活動，發行個人首張個人專輯，主打歌為《60 秒》。
2012 年 11 月 24 日	由 INFINITE 全體與 IU 代言的 Elite 學校制服 。
2012 年 12 月 31 日	由 INFINITE 成員 HOYA 與李侑菲代言的 SK 電信。
2012 年～ 2013 年	《光華門戀歌》由 INFINITE 成員聖圭、優鉉輪流飾演志龍。
2013 年 1 月 10 日	東雨、HOYA 以子團 INFINITE H 之名展開分隊活動，H 代表著 Hip-Hop，主打歌為《Special Girl》，由知名 Hip-Hop 音樂人 Primary 製作。
2013 年 1 月 25 日	由 INFINITE 全體代言的 FILA。
2013 年 3 月 21 日	發行第四張迷你專輯《New Challenge》，主打歌為《Man In Love》，在包含恢復排名制的 MBC Show! 音樂中心 在內的五個音樂節目中獲得總共 7 次第 1 名。
2013 年 3 月 31 日	由 INFINITE 全體代言的 Natuur Pop Ice Cream。

INFINITE 大事記	
2013 年 5 月 15 日	由 INFINITE 成員 L 推出攝影文字集《L's Bravo Viewtiful》。
2013 年 6 月 5 日	INFINITE 日本發行首張正規專輯《戀に落ちるとき》。
2013 年 6 月 8 日	「大勢偶像」INFINITE 出道三週年。
2013 年 6 月 10 日	經紀公司 Woollim Entertainment 宣布 INFINITE 於 8 月 9 日開始進行首次世界巡迴演唱會《One Great Step》，首站於韓國首爾開唱，接著於香港、中國（上海、北京）、日本（福岡、廣島、神戶、橫濱）、印尼雅加達、泰國曼谷、新加坡、台灣臺北、馬來西亞吉隆玻、北美洲（美國洛杉磯、紐約）、中南美洲（祕魯利馬）、英國倫敦、法國巴黎等地進行巡迴演唱會。
2013 年 7 月 16 日	第二張單曲專輯《DESTINY》發行。
2013 年 6 月 23 日	由 INFINITE 全體代言的百事可樂 Pepsi。
2013 年 8 月 8 日	SM 旗下子公司 SM C&C（SM Culture& Contents）與 INFINITE 所屬公司 Woolliment 合併，成立不同於 SM 音樂風格的 Woolim Label。

INFINITE 大事記	
2013 年 8 月 9 日	世界巡迴演唱會《ONE GREAT STEP》，而 INFINTIE 8 月 9、10 日將從首爾開始，為演唱會揭開序幕。接著會依序前往香港、印尼、日本、泰國、新加坡，並在 10 月 12、13 日於台灣「新莊體育館」開唱！ 10 月 19 日前往馬來西亞 Negara Stadium 舉行演唱會。
2012 年 8 月 18 日	由 INFINITE 全體與 Juniel 代言的 Elite 學校制服 。
2013 年 8 月 29 日	由 INFINITE 成員 L 代言的 Shara Shara 。
2013 年 9 月 25 日	由 INFINITE 成員 L 推出攝影文字集《L's Bravo Viewtiful PART 2（韓版）》。
2013 年 9 月 28 日	由 INFINITE 成員 L 推出攝影文字集《L's Bravo Viewtiful PART 2（日版）》。

INFINITE 全球歌迷資源網站	
韓國官方網站	http://www.ifnt7.com
日本官方網站	http://infinite7.jp
官方 Daum Cafe	http://cafe.daum.net/infinite
官方 Facebook	http://www.facebook.com/ifnt7

我愛 INFINITE

INFINITE 全球歌迷資源網站	
官方 Youtube「INFINITE HOME」	http://www.youtube.com/user/infinitehome
官方 Youtube「INFINITE ON AIR」	https://www.youtube.com/user/infiniteonair
韓國官方 Twitter	https://twitter.com/Official_IFNT
日本官方 Twitter	https://twitter.com/INFINITE7_JP
Woollim Entertainment 官方網站	http://www.woolliment.com
Woollim Entertainment Facebook（韓文）	https://www.facebook.com/woolliment
Woollim Entertainment 官方影音網站	http://kpopwoollim.com
Woollim Entertainment 官方 Youtube	https://www.youtube.com/user/woolliment

國家圖書館出版品預行編目（CIP）資料

我愛 INFINITE ：最無限可能的魅力大蒐祕！ / INFINITE 研究會 著 . -- 初版 . -- 新北市 ：繪虹企業 , 2014.3
面； 公分 . --（愛偶像；7）
ISBN 978-986-5834-34-0（平裝）

1. 歌星 2. 流行音樂 3. 日本

913.6032 102025578

愛偶像 007

我愛 INFINITE

最無限可能的魅力大蒐祕！

編　　著／INFINITE 研究會（W.C.H、NOYES）
主　　編／陳琬綾
插　　畫／鬼　哉
封面設計／林美玲
編輯企劃／大風出版
出 版 者／繪虹企業股份有限公司
發 行 人／張英利
電　　話／（02）2218-0701
傳　　真／（02）2218-0704
E-Mail ／ rphsale@gmail.com
Facebook ／繪虹粉絲團
https://www.facebook.com/rainbowproductionhouse
地　　址／台灣新北市 231 新店區中正路 499 號 4 樓

初版四刷／ 2016 年 12 月
定　　價／新台幣 250 元